今天怎样做德育

——点评 **88** 个情景故事

张万祥 编著

教育科学出版社

·北京·

第一辑 | 宽容是一剂良药

第二辑 | 尊重是教育的前提

第三辑 | 用智慧打开学生心门

第四辑 | 用心接纳每个学生

第五辑 | **师爱不言放弃**

前　言

这本书终于完成了，自己不由得长舒了一口气。

可以说，这也是"十年磨一剑"之作。

在岗时，曾经多次受邀到天津市一些区县担任优秀班主任的评选工作，也曾多年担任天津市优秀班主任和十佳班主任的评委，还曾多年担任天津市普教系统高级职称的评委，并且负责德育科目的笔试试卷、面试试题的拟写工作。德育考核不同于语文、数学、外语、物理、化学、生物等学科，那些学科都有教材，有课程标准，是有章可循的，而德育既没有教材也没有课程标准，德育考核也不宜禁锢于德育文件上。要想考查申报者的德育素养、德育工作的能力与水平，就应该出一些令德育工作者感到困惑、棘手的难题。这样不仅有益于考核工作，更有益于德育工作者的长足发展。于是，萌生了设计德育情景题的思路。

德育情景题关注的是班主任和德育工作者解决育人过程中的难点问题的能力，考查班主任和德育工作者掌握、运用相关政策和德育原理，加强中小学生思想道德教育的能力，提升班主任和德育工作者育人的基本功。解答德育情景题不仅要有教育机智和智慧，还要有一定的教育理念，是对参赛选手的班主任工作的专业知识、专业技能、专业道德、专业观念、专业心理素质的综合性考查，难度较大，要求较高。因此，能比较真实地反映班主任的专业能力和水平。

我认为决定班主任专业成长有如下八大修炼：第一项修炼：沟通能力；第二项修炼：读书习惯；第三项修炼：写作能力；第四项修炼：总结反思；第五项修炼：职业道德；第六项修炼：实践智慧；第七项修炼：应对挑战；第八项修炼：网络技能。德育情景题要能够从侧面扣住这八大修炼，切实提高班主任专业化的进程。

于是，在20世纪90年代初，我就开始研究德育情景题。在实际工作中，德育情景题成为我的密友。我开始有意识地收集相关资料。从教育报刊上读到的，只要是符合德育情景题要求的——有一定的高度、深度、难度、广度，有一定的代表性、典型性，对班主任具有借鉴作用的——就立即记下来，十几年间，竟然有五六百条之多，在撰写本书时精心筛选了88条。

在完成书稿后，我随意到网上浏览了一下，在百度输入"德育情景题"一词，搜到40多万条信息；输入"德育情景"一词，竟然搜到400多万条信息……可见"德育情景"被人们重视的程度。浏览后，我对这本汇集了我这个一辈子从事班主任工作、研究班主任工作的"老班"的心血，凝结了许多优秀青年班主任的智慧的书充满了信心。因为自认为这本书从德育情景的高度、深度、广度、难度都是独树一帜、不同凡响的。

最后想说明一个问题——这本书，只是提供一些特殊的值得深思的德育情景题以及解决难题的范式，而德育是复杂多变的，不可能有固定的模式、一成不变的方法、包治百病的灵丹妙药，所以，运用这本书就要注意举一反三、触类旁通。建议先看"情景故事"，然后思考，如果自己身临其境会怎么办，再阅读"这样做"和"点评"的内容，更有利于深化思考以进一步提升专业素养。文中学生名字均为化名。

张万祥

2014年3月11日于天津

第一辑　宽容是一剂良药

　　无论面对什么样的学生，无论学生犯了什么样的错误，为师者一定要宽容，不要过多考虑自己的"师道尊严"，能帮则帮，能拉则拉。千万不可一推了之，不可一棍子打死。

>>> 1. 老师与学生玩起了"24点"

情景故事

这天中午,吃过午饭,汤老师按惯例去寝室转一圈,刚走到103寝室的门口,便听到里面在玩扑克的声音,这是违反校规的行为。汤老师轻轻推门进去。学生一看到汤老师,就立刻把扑克往被子里藏。

面对屡教不改、违反校规在午休时玩扑克的学生,汤老师应该怎么办?

这样做

浙江省永嘉县大若岩镇中学的汤洪波老师刚开始很生气,后来想,大发雷霆,撕掉扑克,都是治标不治本的,于是他另辟蹊径。

汤老师说想和学生一起玩扑克,学生们立刻欢呼起来:"耶!"学生乙迅速从被子里拿出扑克,说:"我们玩什么呢?"

汤老师问:"你们玩过'24点'吗?""没有。"学生们都摇摇头。

"那我教你们吧。"汤老师一边说一边拿起扑克牌介绍:"两张王牌不要,A、J、Q、K分别看成1、11、12、13点,其他的牌面数字是几就是几点。每次发出4张牌,利用'加减乘除'把4张牌算成'24'点,谁先算出谁就赢。"性急的学生丙说:"知道啦,太简单了,我们快点开始吧!"

汤老师向学生们发出挑战:"你们敢与老师比一比吗?""比就比,谁怕谁,不就是'加减乘除'吗,小菜一碟。"学生们非常自信地说。

比赛开始了,第一次发出的4张牌为"1、2、8、K",汤老师一看就说:"我知道了,全加1 + 2 + 8 + 13 = 24。"学生们愣了一下,你看看我,我看看你。比赛继续进行,第二次发出的4张牌为"5、5、8、8",汤老师眼珠一转,答案又来了:"我又知道了,$5 \times 5 - 8 \div 8 = 24$。"不服输的学生又发出 4 张牌 "4、5、6、10"，汤老师略一思索，又说出了答案："$5 \times 6 + 4 - 10 = 24$"。

看到学生疑惑的样子，汤老师说："算'24 点'也是有技巧的。如利用 $4 \times 6 = 24$、$3 \times 8 = 24$、$2 \times 12 = 24$ 等，这样就把四个数的问题简化为两个数的问题，还有数字较大先加起来看看。"

学生乙说："老师，给我们两个星期，到时肯定算得比您快。"

汤老师欣然应允："那两个星期后再比赛。不过我有条件：你们上课时要认真听，自修时要先完成作业后才可以练习算'24 点'。不然，作违规处理，取消比赛资格。你们能做到吗？""能！"学生们说得很有信心。

接下去的两个星期，这些顽皮的学生算"24 点"非常勤快，学习也比平时认真了许多。晚自修时，原来是先趴在桌上睡觉，等别人作业完成之后再拿过来照抄的他们，现在却在努力尽快完成作业，希望余下更多的时间来算"24 点"。看到学生们的这些变化，汤老师心里暗自高兴。

两个星期转眼就过去了，在比赛中，学生们如愿尝到了成功的滋味。一直以来被太多的失败压得透不过气来的他们，总算找回了点自尊、自信。汤老师因势利导："你们的脑袋非常聪明，反应非常迅速，老师都不是你们的对手。如果你们能用心去学习，结果将会如何呢？"学生甲说："肯定能名列前茅。"

汤老师继续引导："那么，你们有信心把落下的功课追上去吗？"学生们信心十足地说："有！"汤老师高兴地说："好，让我们大家一起来见证你们的成长过程。"

最后，汤老师承诺："在期末之前，我班将举行一次算'24 点'比赛，预祝你们取得好成绩。"

事后，汤老师深有感触地总结道："马克思早就说过'事物具有两面性'，任何事物都有好的一面，也有不好的一面。就说玩扑克，它可以使人意志消沉、无所事事，也可以使人精神奋发、斗志昂扬。就看我们如何去对待，如何去引导。"

点 评

好玩是孩子的天性，而人的天性是不可违逆的。孩子们不按时午休，偷偷玩牌，显然是不按牌理出牌，坏了学校的规矩，多数老师的处理方式是，朝学生发一通脾气，然后把牌收缴甚至撕掉后扬长而去。学生呢，"野火烧不尽，春风吹又生"，下一次，照玩不误，这样的教育方法无疑是无效的。而汤老师却将计就计，也来个不按牌理出牌，与学生玩起了"24 点"，让学生输得口服心服。汤老师由此因势利导，激发了孩子们的好胜心，让孩子们体验到了成功感，找回了自尊，从而逐渐改掉身上的毛病。

这样的教育才是如诗如画的教育。

>>> 2. 学生怀疑雷锋做好事是假的

情景故事

2012年3月间，赵老师遇到了一件烦恼不已的事情。

在3月学雷锋的活动中，赵老师组织学生收集了雷锋的事迹材料，召开了一次主题班会。结果，学生的表现让赵老师大失所望。对雷锋所做的一件件好事，学生们不但不感动，而且还怀疑地问道："老师，这是真的吗?"有的学生振振有词地说："有两种可能，一种是雷锋所做的好事是假的，媒体大力宣传这些是为了让人们都像雷锋那样乐于奉献；另一种，雷锋做的事是真的，但目的不是为了升官就是为了出名。出了名之后，所有的好处都来了。"同学们纷纷点头。

面对这样尴尬的场面，老师应该怎么做?

这样做

吉林省蛟河市庆岭镇庆岭金城小学的赵春梅老师经过认真思考后，决定通过开展体验活动来引领学生的思想。

首先，她召开了家长会，说明下一步的教育设想，恳请家长们支持和配合。

其次，组织学生开展了为期两周的体验活动。第一周的活动主题是"冷漠"。赵老师要求学生在这一周里，不要互相帮助，也不要互相关心，要记下每天的感受。这一周，学生过得很"心苦"。第二周的活动主题是"给予"。赵老师要求学生尽可能地帮助每一个需要帮助的伙伴，每天记下自己帮助别人或被别人帮助的感受。与前一周相比，学生们觉得过得很温暖、很快乐。

两周的体验活动结束后，赵老师再引导学生谈给予，谈雷锋精神。学生谈得虽不深刻，但已不再漠然，他们初步感受到爱和奉献是现实生活中不可或缺的,对雷锋精神的怀疑度大大降低。

看到火候已到,赵老师教育学生说:"社会不良风气确实存在,但爱和奉献是主流,并不是所有的付出都是功利的。"赵老师趁热打铁,倡议举行一次"爱满校园"的综合实践活动,鼓励学生去发现爱、理解爱、付出爱。

学生用心表达了对爱、奉献和雷锋精神的认识,学生们的思想更成熟了。

 点 评

第一,教育者一定要有责任感,要有教书育人的责任感,要有为中华民族培育栋梁之才的责任感,要有净化孩子的心灵,使青少年内心充满热情、向真、向善、向美的责任感。

第二,教育者自己的思想先要强大、健壮起来,打铁先要自身硬。为师者要教育学生向雷锋学习,要先想一想雷锋是否在自己的心间扎下根,自己是否身体力行了,自己是否有资格、有资本带领学生向雷锋学习?万玮说得好:"如果我们想变革他人,我们需要先变革内心。教育不是训导,不是灌输,那些我们内心怀疑或者并不真正追求的东西不会成为学生的目标,这也是许多教育行为失效的根本原因。锻造强大的自我,使自己成为影响孩子成长最重要的积极力量,不但可能,而且大有可为。"①

第三,注重教育体验。教育不能局限在课堂上,也不能停留在书面上。青少年在体验后产生了真切的体会,这时老师的引导才会产生效果,才能抵御社会不良风气的冲击。

第四,学生对学雷锋活动之所以产生疑问,其中一个重要原因是,我们的正面教育太薄弱、太短暂、太软弱。我们要持之以恒、理直气壮地进行正面教育。当然,一定要讲求艺术性,要巧妙地走进学生的心灵。

---

① 万玮. 成为影响孩子成长最重要的积极力量 [J]. 河南教育:基教版,2012 (9):33.

>>> 3. 他竟然写下《为汶川地震喝彩》的周记

情景故事

2008 年 5 月 12 日，汶川发生 8.0 级大地震。那段时间，每天晚上 7 点，申老师都带着孩子们准时收看新闻。电视画面中倒塌的房屋、凌乱的衣物、待救的乡亲，无不让有良知的人们为那些鲜活生命的离去流下同情的眼泪！

没想到的是，在汶川地震发生后的第一周周记中，小军同学却写下了一篇让人不可思议的周记《为汶川地震喝彩》。

他在周记中写道："我就不明白，汶川地震本来是件大好事，你们为什么还要哭哭啼啼？中国的计划生育尤其在农村、在山区这么难搞，地震死掉那么多人，不是正好缓解了人口猛增的问题吗？常言说：'养兵千日，用兵一时。'中国养了那么多军队，却白吃白喝，没有仗打，没有事做，得不到真正的锻炼，让部队去救灾不正好是给他们一个锻炼的机会吗？再说，现在好多新闻工作者，因竞争激烈没新闻可写，无中生有地编造事实欺骗大家混饭吃，汶川地震正好可派他们去采访，写些真实的东西。这样的大好事你们不但不喝彩，为什么反而还要悲悲戚戚？而我要大声地对你们说：我要为汶川地震喝彩！这样的大地震再来几次才好！"

小军入学时成绩排第一名，平时很乖，不爱惹是生非，在众人眼里是优秀生。

如果你遇到小军这样的学生，看到小军那令人毛骨悚然的周记，你应该怎么做？

这样做

全国知名青年班主任、华东师范大学附属枫泾中学的申淑敏老师是这样做的。

7

教师的责任感促使她在最短的时间内找来小军谈话。当小军弄清申老师是因为他写的周记而找他谈话时，这个一向温顺的学生竟恼怒地反驳，坚持自己的观点。

申老师努力地控制着自己的情绪，知道这不是仅靠冲动就能解决的问题，开始平心静气地和他谈。出乎意料的是，他说班里有几个同学也是这样认为的，有的同学说，古往今来我们这里就没有发生过大的地震，我们不用担心会有生命危险，天天看新闻还不如看武打片。

申老师的心里像打翻了五味瓶。怎么办？申老师陷入思索之中。

后来，申老师召开家长会，并向家长说明了发现的问题，以及对问题的理解和担忧。这个问题一提出，教室里一下子炸开了锅，家长们马上开始议论纷纷。有的家长说在家看新闻时她的女儿就说："别哭了，那都是假的。"孩子对他人的信任度这么低，也缺乏自信，将来还能成什么大事？有的家长说让孩子看新闻时，孩子说："汶川离我们这么远，关我什么事？"孩子们连一点同情心都没有了，情商这么低，将来还怎么靠他养老？……针对家长、老师该怎么做的问题，大家展开了讨论，最后达成共识：一是平时在言行上，家长、老师一定要以身作则，给孩子树立榜样，用人格魅力影响孩子。二是为了让孩子有真切的感受，选派两名家长代表亲自到汶川参加救灾。三是邀请行政干部、医生、心理专家给学生做系列专题讲座。

此后，申老师定时召开家长会，让家长通过交流沟通改进自己教育孩子的方法；与家长一起分析、研讨孩子存在的问题以及解决问题的方法；利用班会，家长和孩子、老师一起听系列专题讲座并及时交流感想。

为了让学生有更深刻的感悟，申老师又邀请到中国"铁军"127师的政治部主任到校进行演讲。生动的演讲、真实的录像都深深地震撼着孩子们，尤其是在救灾中英勇牺牲的80后战士吴学斌的英雄事迹，更是深深地激励着孩子们，他们纷纷登台谈感受、发誓言，决心以吴学斌为榜样，不怕苦不怕累，在努力学习文化知识的同时，一定要树立正确的价值观，学会付出，学会感恩。

接着，孩子们不但在周记上表达自己的一片爱心，还纷纷捐献出自己的压岁钱，并且以小组为单位参加了街道上开展的募捐活动。

点　评

苏霍姆林斯基认为，我们教育对象的心灵绝不是一片不毛之地，而是一片已经长着美好思想品德嫩芽的肥沃田地。因此，教师的责任首先在于发现并扶正学生心灵土壤的每一株幼苗，让它不断壮大，从而占领思想深处的可能生长杂草的领地。

学生的冷酷、自私、偏激、对他人的不信任感以及以偏概全的错误思维方式并非天生的，而是受到了社会环境的影响才形成的，也是由家长错误观念的引领和学校教育的失误所造成的。这个问题，比学习成绩是否优秀更重要，比是否遵守纪律更重要，作为教师、班主任，我们无法改变社会环境，但我们可以尽自己的能力在班级内用正确的思想观念和做法来影响、引导家长和学生，可以通过必要的手段转变种种错误的思想观念，帮助他们树立正确的价值观，尽己所能地让他们学会感恩。

申老师在这个案例中的做法可圈可点，值得借鉴的地方最主要的有这样两点。

第一，要让学生暴露真实的思想、真实的内心世界。学生存在思想认识问题不可怕，这也是客观事实，可怕的是学生掩盖思想认识问题，而且有可能会一直掩藏下去，这样可能会产生另一个"马加爵"或者"药家鑫"。

第二，面对学生的冷漠、荒诞的想法，不是怒斥，不是一味地批评，不是针锋相对地反驳，而是想方设法用事实去教育、去说服。抓住有利时机，发动家长，积极利用社会的一切有效资源，及时开展演讲等活动，让参与救灾的家长和部队首长现身说法，开展向汶川灾区献爱心的活动。因此，我们在教育中尤其要注意善于引导，善于拓展，善于寻找到教育的契机，然后根据需要适时、适地进行教育。

>>> **4. 他给老师画漫画**

🕐 **情景故事**

有一天，教数学的班主任王老师刚走进教室要上课，发现黑板上画了一幅大鼻子、戴眼镜的人头肖像，这分明是画他的漫画。这时班里的学生发出了咯咯的笑声。王老师知道这一定是那个淘气、不用功、自尊心强的"小画家"的杰作。

假设你是这位班主任，你准备怎样处理这个问题？

📖 **这 样 做**

王老师是这样处理的——

他想了一想，不慌不忙地对大家说："这幅画画得不错，如果这位同学能把他的才能用到学习上，或用来帮助大家进步，那就更好了。"王老师接着说："今天我们上课正需要作图，现在我出一道几何题，大家在本子上练习，请两位同学上黑板做。"被叫到讲台上来的学生中就有那位"小画家"。他走上讲台，主动擦去了漫画，跟大家一样紧张地按题意作图。自然，由于"小画家"平时不认真学习几何，他那错误百出的几何图是无法跟另一位同学相媲美的。

画完图之后，王老师请同学们评论黑板上的两张图谁对谁错，错在哪里，然后严肃地对大家说："我们每一个同学都应当认真学习，练好几何作图的本领。"接着，他仔细地讲解了这道题。"小画家"内疚地和全班同学一起认真听讲和思考。

点 评

　　这位班主任的教育方法之所以能成功，因为他是用发展的眼光看待"小画家"的现在和将来。他运用赞许和鼓励的方法，把画画和学习联系起来，叫"小画家"到讲台上作图是暗示他擦去黑板上的漫画，让同学们评论作图对错是为了促使"小画家"思考自己存在的问题和努力的方向。这一连串的带有创意的教育行为，无不给"小画家"留下了引发联想、主动纠错、明确努力方向的思维空间，促使他很快地改正缺点。

　　通过这个案例，我们可以得到这样几点启示：（1）这是个当机立断的问题，不能置之不理，处理时不能拖泥带水；（2）面对恶作剧，老师必须冷静，不能大发雷霆，激发矛盾；（3）处理问题时要巧妙，有艺术性，不能生硬；（4）要激发其产生内疚感，主动认识错误；（5）要有创意，不能因循守旧。

>>> 5. 教室里突然飞进来一只蝉

⏱ **情景故事**

在三年级的课堂上，郑老师正在旁征博引地给学生讲成语，教室里突然飞进一只蝉，所有学生的视线都不约而同地离开了郑老师的目光。蝉在教室里盘旋了几圈后，停在窗台上。一阵骚动之后，有人欲起身去捉。班里场面十分混乱。

眼看课上不下去了，怎么扭转这个局面呢？

📖 **这样做**

郑老师脑海里灵光一现，故作神秘地说："请不要动它！大家知道这只蝉为什么不请自来，飞进我们的课堂吗？"所有的视线都立刻转回到郑老师的身上。郑老师又说："它知道我正在讲成语的特点，是来给我当助教的！"有人笑出了声。

郑老师侃侃而谈："同学们知道吗？跟蝉有关的成语至少不下 10 个。谁能说出带蝉字的成语？看谁说得最多。"大家全然忘了窗台上的蝉，津津有味地"蝉联"起"蝉成语"来了：金蝉脱壳，噤若寒蝉，寒蝉凄切，蛙鸣蝉噪，春蛙秋蝉，蝉联往复，蝉不知雪，蝉翼为重、千钧为轻，螳螂捕蝉、黄雀在后，蝉腹龟肠，寒蝉仗马，蝉蜕龙变，蝉喘雷干……大家一个接一个，竟然一下子说出了十几个。

郑老师趁机讲了与成语相关的知识、成语的特定含义。

 点 评

一个班级几十个学生，他们性格有异、爱好不同、习惯有别，每个人都是一个独特的世界，难免会出现一些突发事件。大多数突发事件会给班集体建设、教学活动、师生关系、同学关系等带来一定的影响，甚至是消极、负面的影响。班主任必须学会妥善处理突发事件，要做解决突发事件的高手，用教育机智化解消极、负面的影响，化消极为积极，化负面为正面。出现突发事件时，班主任往往批评犯错误的学生，甚至厉声呵斥，这样做其实是很不明智的。苏霍姆林斯基就告诫我们说："凡是出现大声斥责的地方，就有粗鲁行为和情感冷漠的现象，大声斥责表现出最原始本能的反应，每个教师心灵中所具有的情感素养的种子都会在这种反应中丧失殆尽。"

教育教学中常常会出现突发事件，教师的处理方法不同，会产生截然不同的效果。

一只蝉飞进来，好奇、好动的孩子们忘记了课堂纪律，听不见老师讲课，把心放到了蝉上。如果老师高声大叫，让学生忘记蝉，效果肯定不好。而郑老师随机应变，借题做起了"蝉成语"活动，学生兴致勃勃，郑老师趁机讲了与成语相关的知识、成语的特定含义。这样的教育方法实在是高妙。古希腊哲学家亚里士多德说："懂得如何启发是教育的伟大本领。"郑老师巧妙地引导，带领学生走向新的领域。这个"拐弯"让人惊喜。

>>> 6. 面对课堂上的"不和谐"行为

情景故事

在课堂教学活动中，学生会出现一些与课堂无关的行为，如：打瞌睡、无端打断教师上课、讲一些与教学内容无关的话等。由于学生好奇心旺盛、精力充沛、模仿性强，他们的这些错误在很大程度上是无意识的、盲目的。但是，这种行为又有一定的干扰性，如不及时制止和机智处理，不仅会影响正常的教学秩序，还会在学生中造成一种不良影响——认为他们很酷，敢于和老师作对，老师也拿他们没办法。

那么，如何巧妙地对待上述学生的这些课堂上的小动作，既做到尊重学生，使他们没有过重的思想包袱，又达到教育他们并能使他们较快地改正错误的目的呢？

这样做

广西壮族自治区贵港市港北区石羊塘学校的王亚东老师采用了以下几种教育方式。

第一，风趣幽默的流行歌曲式。

有一次在课堂上，王老师正声情并茂地讲解课文，大部分同学都顺着老师的思路在知识的海洋里畅游。有几个同学在东张西望，思想开小差，王老师就用流行歌曲唱道："对面的同学看过来，看过来，看过来，老师的讲课很精彩，请不要假装不理不睬。"同学们一听，都笑了。

那几个同学也很快意识到是王老师在暗示他们要认真听课，于是，精神马上集中了。

第二，巧改经典古词与励志格言的"麻辣烫"式。

春末夏初，有些学生在课堂上忍不住打瞌睡。针对这种状况，王老师即时改编了一首古词："七八个头仰天，两三张嘴流涎，教室里做梦过新年，听取鼾声一片。"学生们听了，全都大笑起来，也把那几个睡觉的学生笑醒了，他们不好意思地挺直了腰，重新坐好听课。

念完词后，王老师又撒了点"辣椒"，说："古谚有云，今天流下的口水，就是明天流下的泪水！"

第三，将计就计式。

有一次，王老师教到"电脑"一词时，有个学生怪声怪调地说："上网玩电脑游戏。"顿时，全班一片喧哗，大家马上议论起来。王老师平静地说："互联网上不仅有游戏，而且还有丰富的经济、科技及自然方面的知识。它开阔了我们的视野，缩短了我们与其他国家的距离，也带来了世界各地的先进科学文化，使我们变得更加聪明。"

接着又讲解了部分网络知识，还表扬了那名学生的勇敢，同时也批评了他说话的态度，提醒学生，聪明的人利用网络来为自己服务，愚蠢的人被网络控制，沉迷于游戏中。

做一名优秀的班主任，对工作不仅要认真负责，而且要随机应变，灵活驾驭课堂，要善于把偶发情境的消极因素转变为积极因素，并不失时机地把"教书"和"育人"结合起来，让学生在轻松愉快的情境中接受教育，真正做到"寓教于乐"。

陶行知先生说过，"先生不应该专教书，他的责任是教人做人；学生不应该专读书，他的责任是学习人生之道"。文中的王老师就很好地践行了陶先生的理念。当课堂上出现不和谐的音符时，王老师通过改歌词、改古词、将计就计等方式，巧妙地把做人和学习的道理蕴含其中，不露声色地教育了学生如何做人，如何学习。

请记住：课堂，教师除了教学，还有一项很重要的任务，那就是教学生做人。

>>> **7. 他胸前的饰物竟然是"流氓证"**

🕐 **情景故事**

这天，王老师发现坐在教室后排的小蒙的胸前佩戴着一个小饰物，凑近一看，竟然是"流氓证"！课后，王老师问小蒙为何要以"流氓证"作为饰物？小蒙简短回答："好玩！"

王老师痛心地想：我们的学生这是怎么啦？我们的教育又是怎么啦？又该怎样教育这个美丑不分的学生呢？

📖 **这样做**

下午放学后，办公室里空无一人，王老师把小蒙请来，让他坐在自己的对面，又一次看了看他胸前的小饰物。小蒙紧张得冒了汗。王老师笑了笑，问道："你知道饰物分几种吗？你懂得怎样佩戴饰物吗？"小蒙茫然地摇了摇头。

王老师慢条斯理地讲起来："小饰品是指头花、发夹、钥匙扣、耳钉、耳环、胸针、戒指、手链、脚链等用来美化个人仪表的饰物。饰物很多，根据其作用不同，大致可以划分为两大类：装饰类和实用类。耳环、手镯、戒指、项链、胸花等属于装饰类。鞋、袜子、帽子、腰带、皮包等属于实用类。服饰与服装搭配得当，可使人锦上添花；搭配不当，则成了画蛇添足。饰品的特点是体积小，效果明显，其功能是点缀、美化整体形象。因此，选用饰品的主要原则是有利于表现整体形象。如果集美丽、昂贵的饰物于一身，珠光宝气，刻意堆砌，皮包、腰带、帽子满身披挂，这并不是美，只会让人见物不见人，掩盖了独具特色的自然美，破坏了整体形象的和谐。"

看见小蒙饶有兴趣地倾听，王老师接着说："佩戴小饰品是一个人搭配衣物、彰显个性的重要选择。饰物不仅能够反映人们的审美、欣赏能力，而且能反映人们的文化素养，有助于突出个性。饰物是一种非语言符号，在现实生活中，人们有意无意地通过饰物传达着一些特定的信息，或反映社会的精神风貌，或代表自己的审美情趣，或体现民族的传统文化，等等。这些非语言符号或多或少、或有意或无意地传递着社会的礼仪要求和规范，而且在社交礼仪功能上具有很强的演示性。首先，饰物昭示着社会风尚。任何时代的社会风尚均可以在饰物中寻找出它的影子，可以说饰物是一个时代的象征和缩影。改革开放以后，人们从多彩的饰物中重新寻回了失去的自我，个性在饰物中得到了宣泄，社会的风尚在饰物中找到了自己应有的位子。其次，饰物是情感的象征。每一种饰物均可表达特定的情感。再次，饰物是对美的演绎。谁也不愿把不美的饰物披挂上身，谁也不愿把不美的礼品赠送给别人。人们在采用或审视某种饰物时，总是因为它本身的美而选择了它。"

王老师讲完了，小蒙说："佩戴小饰物还有这么多的学问。老师，我马上把'流氓证'摘下来，丢掉。"

王老师欣慰地笑了。

 点　评

一名高中生，受过多年的教育，该不会不知道"流氓"的含义吧！而以"流氓证"作为饰物，除了追求另类外，说明他的价值观很错乱和迷惘，也证明中小学德育存在疏漏。

王老师面对这样的怪异现象，不是一笑了之，不是大批特批，而是给学生介绍了丰富的饰物知识，在传授知识的同时，还进行了审美能力、欣赏能力、文化素养等正能量的传递。在健康而丰富的文化熏陶下，迷途的学生认清了前行的方向。

还需注意的是，教师对学生佩戴怪异饰物，不要扣帽子、打棍子。一般来看，学生这样做，大多是出于猎奇心理，或者是逆反心理，或者说错误地标榜自己的个性。

这个案例告诫我们：应该加强美育，用高雅文化陶冶孩子们的心灵。

>>> 8. "调皮大王"要借一朵大红花

情景故事

这天下午，邱老师和最后一位家长交流完学生的学习情况，正准备离开办公室，一个小脑袋从门外探了进来。原来是"调皮大王"王四坤。平时，他性格孤僻、倔强、暴躁，每次老师和他谈心，他都可以一个多小时不看老师一眼，也不和老师说一句话，颇有些让老师下不了台。而这时，他的脸却涨得通红，眼神里流露出一种渴望，并夹杂着一丝怯意，看上去很着急。

"还没有回家？找我有事吗？"邱老师假装没有看见他的窘态，淡淡地问道。"嗯！"他怯怯地回答。

邱老师抬起头看表，已经6点10分了。他竟然在门外等了近两个小时！显然是遇到了难题，否则，以他的个性，是不会轻易求助于人的。

他鼓足了勇气，艰难地向邱老师说出了他的"请求"："我想要一朵大红花。"声音小得像蚊子叫。话没说完，他已不好意思地低下了头。

邱老师想起来了，他第一周只获得一颗五星，第二周获得三颗五星，班级规定必须在纪律、学习、卫生等各个方面表现有进步，累计获得五颗星的学生才能发一朵大红花。而他，还差一颗星。邱老师故意问他："你到现在累计几颗星呢？"

"我上周答应过妈妈，要拿一朵大红花回去。"

这朵大红花，给不给？

这样做

四川省资中县宋家镇民庆小学的邱晓春老师的心似乎被什么东西猛地撞了一下，不自觉地心中涌起一份感动。王四坤这么在乎一朵大红花，可见他对进步的渴望，他是多么看重妈妈对他进步的肯定呀！这不正是他追求上进的表现吗？邱老师突发奇想：破例奖给他一朵大红花——以"借"的形式。

邱老师压住心底的感动："一朵大红花我可以借你，这样你就欠我一颗五星。你必须在下周还我一颗五星，并保证还能得一朵大红花，我就答应你。"

王四坤抬起了头，眼睛亮亮的，先是有点迟疑，继而用坚定的语气吐出三个字："我答应！"

邱老师乘势"激将"："看得出你是一个男子汉，你能遵守和妈妈的约定，也一定能兑现对老师的承诺。老师相信你！"

后来的事实证明，邱老师对他的信任是正确的。第三周，他用优异的表现赢得了大家的认可，共获七颗五星，还了一颗后，还剩六颗。这是一个"伟大"的转机：在以后的每一周里，他都获得了各式各样的大红花，期末还被评为了学校的"三好学生"。

点　评

这是一件很不起眼的小事，没有过多的说教，也没有轰动的场面。然而，一个恰当的契机，一次真诚的指引，却让"调皮大王"的心灵敞亮了。看似偶然，实则必然，当信任的光辉把孩子的心灵照亮时，孩子的眼里就必然透射出光明。优秀的孩子是这样，暂时失败的孩子更是这样。

一位学者说得好："教育是什么？就是给受教育者留下希望和信心！"

苏联教育家赞科夫说："难道敏锐的观察力不是一个教师最可宝贵的品质之一吗？对一个有观察力的教师来说，学生的欢乐、兴奋、惊奇、疑惑、恐惧、受窘和其他内心活动的最细微的表现，都逃不过他的眼睛。"邱老师就是一位善于观察，并且把学生心思读懂了的老师。邱老师适时、果断地抓住契机，用"借"的方式满足了孩子的愿望，让孩子对母亲的承诺成为现实。一朵红花，在老师的眼里，它只不过是用来激励学生的一个微不足道的载体，而在学生的心里，却是他的整个"天堂"！而教师，就是为学生心中的天堂美容的人。

通过这则案例，我们要进一步明白这样的道理：（1）教师要善于观察，准确地读懂学生的表情、语言，从而快速地走进学生的心里，及时地为孩子搭建心灵的花园。（2）教师要始终相信孩子是天使，即使偶尔成了"魔鬼"，那也是因为翅膀断裂的原因，所以，教师还应该为孩子修补翅膀上的裂痕。（3）教师的真诚、教师的善举、教师的爱心、教师的机智……能在学生的心底种植希望和信心。

>>> 9. 学生把粉笔盒当成了"篮筐"

 情景故事

别看浩个头不高，却聪明伶俐，关心班集体。这一次，浩别出心裁地把一个可以活动的小盒子粘在了黑板上，作为老师的粉笔盒，这样老师拿粉笔就方便多了。

这天，班主任在大课间走进教室，大吃一惊：只见学生们三个一群五个一伙正在掷粉笔玩，那个悬挂在黑板上的粉笔盒成了"篮筐"了。

教室里人声鼎沸，桌仰椅翻。班主任怎么办才好？

这样做

这位班主任的处理方法可谓独具匠心。

班主任惊讶之后，大喝一声，学生们马上反应过来了，慌慌张张地捡拾粉笔头。

班主任清了清嗓子，说："孩子们啊，看来是老师的错，怎么就不能满足你们投篮的兴趣呢？这样吧，明天——明天不行，明天有朗诵比赛，后天或者大后天，咱们全班举行投篮比赛……"教室里一片欢声笑语。

班主任继续说："从现在起，粉笔可不能乱动了。看来讲台和粉笔还得有人专职管理。现在就招聘班级'公务员'——管理讲台和粉笔。"

几乎所有的学生都举起了手。最后选定了李平开同学。刚刚宣布完结果，李平开同学便冲上讲台开始收拾落在地上的粉笔了。

从此之后，乱掷粉笔的现象无影无踪了。

点 评

浪费粉笔是大忌，在教室里用粉笔投"篮"，更是大忌。

看到这样的现象，许多班主任会立即火冒三丈，声色俱厉地狠批、特批学生，也许会由此及彼、举一反三，批评半个小时。

其实，这是微乎其微的小事，是学生很容易犯的错误。孩子毕竟是孩子，不会总是循规蹈矩，时时刻刻处处呆若木鸡，他们会忘乎所以地在教室里以打扫卫生的工具为武器相互打闹、你追我撵、掷纸飞机、扔粉笔头……班主任简单粗暴的批评方式，治标不治本。

这位班主任，采用了三步方法，巧妙地解决了问题。第一步，老师先认错，消除学生的抵触情绪；第二步，承诺组织班级投篮比赛，转移注意力，把学生多余的精力引到正事上去；第三步，选定讲台和粉笔的专职管理员，让学生自己管理自己，发挥主体作用。

凡事不要草率处理，开动脑筋，巧妙应对，会收到意想不到的效果！

>>> 10. "我把孩子交给你，打他骂他都没事"

情景故事

有个学生叫小巍，十分好动，课间总是闲不住，一会逗逗这个，一会逗逗那个，闹得班级乌烟瘴气，同学们对他意见很大。班主任宋老师多次批评他，也不见效。没有办法，只好联系家长，刚说了几句，家长就说："老师，我太忙了，没有时间呀！教育孩子，你比我专业，我把孩子交给你，你就放心大胆地管，打他骂他都没事。"

班主任应该怎样和这样不配合的家长交流？

这样做

我们给出以下几条建议。

第一，准确分析家长的心理，对症下药。

"老师，我太忙了，没有时间呀！教育孩子，你比我专业，我把孩子交给你，你就放心大胆地管，打他骂他都没事。"说出这话的家长的孩子往往是后进生，这样的家长往往是有一定身份的，他们在所在单位往往一言九鼎，有威信、有威望，也知道自己的孩子毛病多，调皮、不爱学习。他们知道到学校，不会有好果子吃，怕丢了面子。这其实是对孩子教育失望后的绝望和绝望后的回避态度。为此，我们不能一味地向家长报忧不报喜，要向家长报告孩子的进步以及孩子的潜在优势，让家长看到希望。要让家长感觉到，班主任不是在告学生的状，不是在推卸责任，而是在帮助家长想办法解决问题，促进孩子进步。

第二，让家长清楚自身的责任。

对这类家长，班主任要打消他们的顾虑。苏霍姆林斯基说："生活向学校提出的任务变得如此复杂，以至如果没有整个社会，首先是家庭的高度教育素养，那么不管教育者付出多大的努力，都收不到完满的效果。"要让家长们明白家长也是教育的主体，对孩子的教育不能推诿、不能逃避，要积极和老师配合。

第三，要做到换位思考，以诚相待。

在遇到不配合的家长时，班主任切勿训斥、排斥，而要善于站在家长的位置上思考问题，要委婉地指出学生的不足，真诚地分析学生的情况，善意地提出家教的建议，让家长理解、支持、配合我们的工作。

 点 评

当然，在现实生活中确实有家长对孩子不闻不问，交给学校就当起"甩手掌柜"了。但是这毕竟是极个别的。一般来讲，没有家长不希望自己的孩子健康成长，没有家长不重视孩子的教育的。没有这样的认识，我们的家校结合教育就是失败的。

对不配合老师工作的家长，我们不能排斥，不能一味地批评，不要把他们打入"冷宫"，而要尊重，胸怀要开阔，要学会包容，要设身处地从家长的角度考虑问题，分析原因。对这些家长的子女，我们不要因为其父母的不配合而迁怒于他们，一定要一碗水端平，不能放弃。要施以更多的关心和爱护，促使他们更快地进步，赢得其家长的信任。

家长是教育的主人，是教育的生力军。这是处理家长不配合老师工作的问题的前提。

>>> 11. 学生拟"圣旨"，要做"土皇帝"

情景故事

　　田老师下课路过教室，里面传来一群孩子的嬉闹声："奉天承运，皇帝诏曰：封柯健为'驸马'，即日'下嫁'王静公主，钦此。"这不是王军的声音么？田老师走进教室一看，一群孩子挤做一团，正嘻嘻哈哈地争抢着什么，一见到田老师，立刻吓得"四处逃窜"，被围在中间的王军手握一卷黄纸，正准备"逃跑"。田老师盯着他，慢慢走过去，王军慌忙把手上的黄纸往身后藏。

　　"王军，身后藏的是什么宝贝？能让我看看吗?"田老师笑嘻嘻地说。王军犹豫了一下，把手中的黄纸递给田老师。田老师接过黄纸，打开一看，原来黄纸上是用毛笔写的一道"圣旨"，字迹潦草，错字连篇，勉强能看清楚内容，是在拿班长和音乐干事开玩笑。

　　怎样处理这种恶作剧?

这样做

　　陕西省商南县试马镇中心小学的田增老师一开始火冒三丈，准备给搞恶作剧的学生一点颜色瞧瞧，来阵"暴风骤雨"，但转念一想，何不顺势而为演一出好戏，来个"一箭双雕"呢？

　　于是，田老师笑着对王军说："嘿，你可真行啊，还有这般雄心壮志，想做咱班的'土皇帝'呀!"王军不好意思地说："不是的，我是跟他们闹着玩。""我知道，这个主意好，学当'皇帝'，颁道'圣旨'多威风呀！不过，好钢用在刀刃上，拿同学来开这样的玩笑可不好，多影响同学相处呀！我看这样吧，就给你一个大显身手的机会。正好，咱们这次班纪班风调查中有许多同学值得表扬，你就代表咱们班委会给这些同学拟几道'圣旨'，明天班会颁发给他们怎么样？"王军疑惑地看着田老师，田老师笑着说："我知道你一定能保质保量地完成任务，在班会前拿来给我看看，我帮你改改。""嗯！"王军轻轻地点了点头。

这个王军，可是班里有名的后进生。他聪明大胆，但不爱学习，整天打打闹闹，惹是生非，自习课扰乱纪律，欺负同学，还出言不逊。对他，田老师可是费尽心思，但收效甚微。每位任课老师见到他都头大。这次田老师打算借机好好"治治"他。

第二天中午，王军来到田老师办公室，手中抱了一大卷黄纸，田老师一一打开，呵，还真行啊！只见黄纸上工整地写着："奉天承运，班委会诏曰：朱小蕊、范学艳、王静、刘洋四位同学关心集体，团结同学，待人诚恳，讲文明，赐以'班级之星'的称号，钦此。"还有"最受欢迎的同学"、"文明礼仪标兵"等称号，他都给设计成了一道道"圣旨"，每道"圣旨"都精心书写，左右两边用一次性筷子卷成了轴，还在背面用彩笔画上了双龙戏珠的图案，看得出他的确费了一番心思。

田老师趁热打铁笑着说："王军，你真行，这一道道'圣旨'做得像模像样，下午班会你就代表老师把它们颁发给同学们吧！不过，给别人颁奖，自己是不是也应该向这些讲文明、懂礼貌、品学兼优的同学学习呢？"王军低下了头说："老师，我错了，我不该拿同学开玩笑，我以后再也不给同学起绰号，开不利于同学相处的玩笑了，请你相信我。"田老师诚恳地说："你知错就改是个好孩子，老师相信你以后不会再这样做了，希望以后你在尊重大家的同时，也能得到大家的尊重。今天下午班会就由你代替老师来安排吧，就以'尊重他人，团结合作'为话题来组织活动，把你的聪明才智发挥出来，祝你成功！"后来，田老师又给了他一些提示，帮他设计了几个环节，并暗中嘱咐班干部要积极配合他的工作。

下午班会顺利开展。一个个获奖同学上台领"旨"，同学们都被这别开生面的班会和这些特殊的奖励所吸引，教室里传来一阵阵掌声。在"畅所欲言"环节里，王军提议大家写一封"倡议书"，倡导全校同学"讲文明，尊重他人"，并张贴在校园布告栏里。接着，王军又做了自我检讨，向柯健和王静两位同学当面道歉，并向全体同学保证，以后要向获奖同学学习，

发奋努力、积极进取、讲文明、尊重他人。

最后，他调皮地说："这些'圣旨'，害得我忙了两天，又是写又是贴，真不容易呀！……"一阵阵热烈的掌声和欢乐的笑声，久久地在教室里回荡。

看着自己导演的这出戏圆满落幕，田老师也笑了，想起曾经读过这样一段话：后进生就像一个个不起眼的"洋葱"，虽然外表粗糙，可是内里依然晶莹剔透，只要你小心翼翼地一层层地把它剥开，总有一片让人流泪、让人心动。

点评

苏霍姆林斯基说："没有也不可能有抽象的学生！"当我们的教育者用明媚若春阳、灿烂若夏花的情怀去诠释这句话时，可以相信，"没有'差生'，只有差异"就种植在每个教育者心田了，并且，还会在每一位教育者的心里盛开出一簇簇美丽的矢车菊，在每一位学生的心间飘飞一串串轻盈的蒲公英。同时，每个教师、每个学生也将会一次又一次在心头共享教育的温馨与诗意。文中的田老师，就是一位善于剥洋葱的人，他看到了洋葱里面的晶莹，所以，在他的眼里，没有抽象的学生。

请每一位老师记住：没有孩子是"差生"！善于捕捉一闪即逝的教育契机，是每个教育者必须修炼的功夫；善于剥开洋葱发现里面的晶莹，是每个教师必备的教育情怀。

>>> 12. "吴××之灵位"

情景故事

在职业中学任教的吴老师遇到了这样一件难忘的事情。

有一年，新年伊始，吴老师的第一堂课给素有"少林俗家弟子"之称的"疯狂四班"上课。该班全是男生，鬼点子多，专爱变着法子为难老师。吴老师一进教室就觉得气氛不对，发现讲桌上立着一块木板，上面写着一行字："吴××之灵位"。讲台下，几个学生挤眉弄眼，似乎在等着好戏开场。

面对这样的恶作剧，应该怎么办？

这样做

吴老师思索片刻，小心翼翼地拿起那块"灵牌"，一本正经地摆在黑板前，又恭恭敬敬地在旁边竖起一根粉笔。然后，转过身来，悄声慢语地对学生说："同学们，全体起立。"等全班学生站起来后，吴老师又说："让我们以极其沉痛的心情，对吴××同志的不幸去世表示最沉重的哀悼。现在，我提议全体默哀一分钟。"此举让全班学生大吃一惊，面面相觑。

接下来，吴老师又故作吃惊地问："吴××是谁呀？"学生们都睁大眼睛惶惑地望着他。吴老师指指自己的鼻子，说："吴××，本班新任语文老师是也。没有想到你们这样敬重他，还给他立了牌位。他在九泉之下得知此事，很快就会起死回生。现在，他就站在你们面前，给你们道谢了。"说完，毕恭毕敬地向全班学生深深鞠了一躬。学生们都笑了，笑声里饱含着歉意和敬意。

点　评

在这个难免让人火冒三丈、勃然大怒、暴跳如雷，或者让人拂袖而去、发誓再不进这个教室的大门的恶作剧面前，这位吴老师表现出的是不同凡响的教育智慧。

本来恶作剧的始作俑者就是要让老师难堪、下不了台，就是想看老师的热闹、向老师挑战，就是想把教室搅成一锅粥。可是，吴老师却让他们失望了，他化干戈为玉帛，机智地摆脱了困境，让全班学生对吴老师的歉意和敬意油然而生。吴老师争取了绝大多数学生，孤立了少数调皮生。

这启示我们，在恶性事件面前一定要保持稳定的心态，要幽默，不要怒斥；要心平气和，不要气急败坏；要风和日丽，不要急风暴雨。要冷静认识到，恶作剧是少数人搞的，绝大多数学生是旁观者，或许还是反对者。不能让恶作剧的始作俑者得逞，要机智地赢得大多数学生。

再有，吴老师的宽宏大量也是值得学习的。在这样的恶意侮辱事件面前，吴老师具有海纳百川的气魄。宽容是一种美德，是教师不可或缺的品质。无论面对什么样的学生，无论学生犯了什么样的错误，为师者一定要宽容，不要过多考虑自己的"师道尊严"，能帮则帮，能拉则拉。千万不可一推了之，不可一棍子打死。

>>> 13. 老师让学生上台表演打架

情景故事

刘老师带的班里，有段时间频繁出现违纪问题。刘老师多次进行教育，该批的批，该说的说，该强调的强调，但违纪问题还是层出不穷。这天，班长急急火火地来到办公室，说："王磊和张鹏打架了，同学们刚刚劝住。"

针对这种情况，应该怎么办呢？

这样做

山东省寿光市台头镇第一初级中学的刘涛老师是这样做的。

刚开始，刘老师想按照过去的程序处理：让打架双方到办公室，问明原因，然后各打五十大板地狠狠批一顿。转念一想，不能总是走老路，何不尝试新的方法呢？于是，对班长说："去叫他俩来办公室。"

王磊和张鹏马上来到了办公室。刘老师不慌不忙地说："跟你俩商量一件事。这件事不难，很容易做到。做好了，我就不处罚你们。怎么样？"王磊和张鹏疑惑地问："真的吗？"

刘老师笑了笑说："君子一言，驷马难追。这件事就是，把这次打架的经过在班里做一次回放。刚才真动手的地方只比画一下就可以了，不能真打。这件事不难吧？"王磊赶紧说："老师，这是小事。我不小心给张鹏喷了一脸水，没有道歉，然后话赶话就打起来了。我保证以后再也不打架了。这件事很丢人，不要让我们在班里表演了，好吗？"

刘老师见他们真心承认了错误，心里高兴，但脸上不动声色地说："这件事必须完成，还要加一个像你说的那样，主动道歉的表演。表演要投入，必须表演，没商量！"

到教室后，刘老师对全班学生说："今天，他俩打架的事，我想让大家再看一遍。"

王磊和张鹏都很害羞，扭扭捏捏，惹得全班哄堂大笑。在刘老师的催促下，两人正式开始表演。只见王磊拿起杯子，假装喝了一口水，一扭头，哗的喷了张鹏一脸，然后满脸紧张地对王磊连声道歉："对不起！对不起！"赶紧用袖子给张鹏擦。张鹏见改变了事实，很惊讶，急忙说："没关系！没关系！我自己擦。"两人你看看我，我看看你，都笑出了声。

教室里一片寂静。过了一会儿，同学们情不自禁地鼓起了掌。他俩面红耳赤，对同学们说："以后我们绝不打架了。请同学们监督！"

后来，有一天，政教处主任对刘老师说："怪了！连续五周，你们班没有扣一分，好人好事数你们班最多。有什么经验，总结总结，在全校班主任工作研讨会上介绍介绍。"

 点 评

学生打架是司空见惯的事，也是难以根治的事。刘老师打破老程序，改变老方法，请当事人表演打架的场景，取得了根治打架歪风的效果。这说明，班主任工作必须要创新，要多动脑筋，要另辟蹊径。

刘老师处理打架事件的方法值得借鉴，这样做提高了学生的认知能力，让当事者自己教育自己，引导他们体会不同的角色，对问题有了理性的认识，学会了对比。

班主任工作常做常新，要不断发明新"药"。

>>> 14. 清洁工人"不贤"吗?

情景故事

这天,梁老师正在上课,当讲到"见贤思齐焉,见不贤而内自省也"时,梁老师说:"请同学们细细地品读这句话,联系生活体验谈谈自己的见解。"

一个同学站起来说:"上学的路上,我看见路边有清洁工人在清除垃圾。他们身上很脏,弯着腰在垃圾池分拣、清扫。我想,如果不好好学习,将来就会像他们一样,干又脏又累的工作,所以我要努力学习。这就是'见不贤而内自省也'。"

梁老师听完回答,心中一颤:他怎么会这么想呢?还有没有学生也这样想呢?该怎么处理呢?

这样做

河北省盐山县西环路实验中学的梁清霞老师思索片刻,心里想,还是交给学生们去讨论吧!于是微笑着对同学们说:"大家讨论一下刚才这位同学的观点,谁有话说。"

教室里顿时议论纷纷——

刘书炜首先站起来说:"老师,我不同意这个观点。清洁工人就'不贤'吗?那些清洁工人虽然生活贫苦,不像大款们穿着体面,但是他们凭自己的劳动自食其力,不偷不抢,哪里'不贤'呢?"

王静站起来发言:"清洁工人通过辛勤的劳动美化了环境,我们的城市才会这么漂亮整洁。他们就像行道树那样,在平凡的岗位上默默奉献着,比起那些道貌岸然的贪官污吏来,他们强多了。"

"在平凡的岗位上默默奉献!你说得真好!"梁老师接着说,"这个话题,让老师不由得想起一个人,他就是每天靠捡垃圾度日的山东老人刘盛兰。他在17年里几乎没有尝过肉味，没有给自己添过一件新衣，'吝啬'得连一个馒头都舍不得买，却将捡垃圾的所得全部捐给了全国各地的百余名贫困学子。大家说这位捡垃圾的老人'贤'、'不贤'？"

"贤！"学生异口同声。

梁老师接着说："孔子的思想核心就是'仁'，我们看'仁'字是由'二人'组成。也就是说，一个人心中不应该只装着自己，还应该想到别人。推己及人，仁爱待人，这样的人才是贤人。所以说，人只有职业分工的不同，没有高低贵贱之分。无论贫穷还是富贵，只要有一颗高尚的心，那他就值得我们尊敬和学习。"

同学们报以热烈的掌声，开始认为清洁工人'不贤'的那位同学鼓掌鼓得尤为起劲。

 点　评

结合课文中的"见贤思齐焉，见不贤而内自省也"这句话，梁老师让学生谈见解，当有的学生错误地认为清洁工人"不贤"时，梁老师又让全班同学展开讨论，使学生们对孔子这句名言的理解更深刻了，而且梁老师也适时地把学科知识和思想教育紧密地结合起来，这就是班主任应该关注的学科德育。

"我十分坚信，能激发出自我教育的教育，才是真正的教育。比起组织星期日的消遣来，教会少年自我教育要困难得多。比起直到少年走出校门沉醉于无拘无束的自由空气之前抓住他的手不放来，教会少年自我教育也要艰巨和复杂得多。唯有能激发出自我教育的教育，才能解决这个难题。"梁老师启发引导学生进行自我教育，诠释了苏霍姆林斯基的这段名言。班主任就应该切实引导学生进行自我教育，这样的教育才是有生命力的。

梁老师的讲话很深刻、很中肯，当学生出现错误认识时，班主任要给学生以入木三分的剖析，讲话要有理、有力，要能够震撼心灵。所以，班主任要提高演讲水平。

>>> **15. 学生为捐出价格不菲的礼物而炫耀**

情景故事

"六一"前夕，学校开展了"给贫困地区小朋友送温暖"的活动。同学们带来的礼物把讲台都堆满了。阿芬的爸爸妈妈都是下岗工人，她只捐出了一本童话书，在全班同学们捐出的礼物中价格是最低的，可这本书确实是她最宝贵的。跟在阿芬后面的江波把一个大大的盒子放在讲台上，很神气地说："这是最新式的四驱车模型。我爸爸说，200块钱呐！"一些同学脸上流露出羡慕的神情。

如果您是班主任，您怎么进行总结，事后您还准备做些什么工作？

这样做

班主任曲老师对这次活动的总结是："这次'给贫困地区小朋友送温暖'活动是一项非常有意义的活动，令人欣慰的是，全班同学都表现出了无私助人的爱心和热情。作为班主任，我被你们的良好思想品德深深地感染了，我为有你们这样的学生而感到骄傲和自豪。"

曲老师话锋一转，接着说："大家都知道阿芬的父母都下岗了，家庭生活很困难，但是她能把自己最喜爱的童话书捐献出来，实在令人感动。也许有人会说这本书不值几个钱，但是不知大家想过没有，捐献的物品是有价的，爱心却是无价的。像阿芬这样的感人事情还有很多，我就不一一列举他们的名字了，最后只说一句：我为我们的班集体而自豪，谢谢同学们。"

针对在整个活动中一些学生流露出的炫耀与攀比心理，曲老师计划通过组织开展学生喜闻乐见的集体活动来解决这个问题。

点 评

　　每一件小小的物品，都有它的价值；每一件小小的捐赠品，都有它的价格。价格和价值都是能够衡量出来的，但是其中蕴含着的爱心却是无法衡量的，是无价的。"爱"是一个字，但它也是一种无穷无尽的力量；爱是一种无穷无尽的力量，但它也是看不见摸不到的；爱是看不见摸不到的，但它可以发出金子般的光芒，照亮世界，照亮每个人的心灵。爱心，就像是一个火热的太阳，让每一束阳光都播撒在每个人的心中，让每个人都能感受到温暖。

　　"给贫困地区小朋友送温暖"等活动是一些学校经常开展的活动，目的就是通过捐献一些钱物，来激发培育学生的爱心。在开展这样的活动过程中，我们一定不能为捐献而捐献，不应该把这样一项公益性活动蜕变为财富大比拼的舞台，不能只盯在钱物的数量上，不能搞攀比，重要的是要关注学生的心灵，活动要适时表扬，要及时总结，要强调有价与无价——捐献的物品是有价的，爱心却是无价的，切实地在学生的心灵里植入最宝贵的东西——无私助人的爱心与热情，让学生感受到"赠人玫瑰，手有余香"的幸福。

>>> 16. 刚当选班长的小李变得趾高气扬

情景故事

新学期开学了，班里准备重新选配班委成员。小李被选为班长，这下可不得了，他一下子发生了天翻地覆的变化。当选前的他，待人总是很有礼貌，脸上笑容不断，班里的杂事、脏活抢着干；当选后的他，身为班长，形象一下子高大了很多（自我感觉），开始指手画脚，脸上出现了一股傲气，似乎自己比谁都了不起。

您能分析一下，小李当选前后发生如此大的变化的原因吗？您作为班主任，该怎样防止这种现象发生呢？

这样做

我们先来分析原因。

第一，小李的"地位"一变就产生官气和傲气的原因，主要是对自己"估价"过高，形成自我膨胀，这是心理适应不良造成的。

第二，小李虽然是学生，但是受影视报刊等文艺作品的耳濡目染的影响，看到有些官员们颐指气使、趾高气扬的样子，于是无意识间进行模仿。

怎样防止这种现象？可以有如下几种思路：

第一，实行"班干部轮换制"，避免当"干部"高人一等思想的出现。班主任要让同学们认识到：人人都能当干部，当干部就是为大家服务，这样就没有骄傲、摆架子的资格了（防止学生自我心理膨胀）。

第二，引导学生换位思考。要让当上学生干部的同学，想一想自己是普通同学时如果遇上小李这样总是指手画脚、自以为是的班干部的感受。

第三，引导班干部树立为学生服务的思想，不要高高在上，不要以为自己是班里的老大。班主任要不断提升自己的素养，做学生的榜样，不要有自我膨胀心理，否则学生就会模仿。另外平时要加强教育，引导学生自我认识、自我评价，并树立这方面的榜样。

 点　评

　　班干部是班主任的助手，是学生们的表率。班主任对他们不仅是信任、依赖、鼓励、支持，还要关注他们的精神成长，关注他们的一言一行。从各方面严格要求他们，培养他们的服务意识，提升他们的精神素养，这也是班主任的一项重要任务。

>>> **17. 被学生忽视的一角钱硬币**

情景故事

随着生活水平的提高，孩子们手中的钱越来越多，个个表现出"小钱无所谓"的思想倾向。一天下午，快上第一节课了，胡老师刚走进教室，值日生就报告说："不知是谁丢的一角钱硬币，被几个同学在地上用脚踢着玩。"她刚说完，大家就哄堂大笑并议论纷纷："一角钱谁在乎？""一角钱谁会捡？"……

怎样在没人在乎的一角钱硬币上做文章呢？

这样做

面对没人在乎的一角钱硬币，江苏省南通市城南小学的胡薇薇老师想，一角钱微乎其微，但是反映出的学生思想上的大问题，决不能掉以轻心。

于是，胡老师慢慢地走到那枚硬币前，弯下腰，捡起被学生踢脏的一角钱，掏出纸巾轻轻地擦拭着，边擦边自言自语："一角硬币，面值虽小，可我看见它背面印有我们的国徽，怎能让国徽沾上灰尘？如果是五枚硬币，可以买一本练习本；如果是十枚硬币，就可以买一支笔；如果是百枚、千枚呢？如果把它们送给贫困地区的小伙伴，那又是怎样的情况呢？"说着，走到值日生跟前说："请在好人好事本上记下，老师拾到一角钱。"此时的教室里鸦雀无声。

这一周，胡老师在周末作业中特意加了一项特殊的内容：双休日跟随爸爸、妈妈到福利院看望小朋友，并将自己的所见、所闻、所感记录下来。

接下来的周一周记本交上来了，胡老师从每一篇周记的字里行间都能感受到温暖和触动。周云在周记里写道："那里有一个看上去四五岁的小女孩，身材瘦小，穿着不合身的衣服，睁着一双好奇的大眼睛看着我。后来听那儿的阿姨说，这个小姑娘其实已经八岁了，是个孤儿，由于营养不良才长得这么小。凑巧的是她竟与我同名。我把她抱起来，看着她那双期盼爱和温暖的眼睛，心里真难受。相比之下，我多么幸福，每天的零花钱都要十元。以后我要把钱积攒下来，捐给这些需要帮助的人。"

此后，班里没有再出现过乱丢一角钱硬币的现象，同学们一致表示要把零花钱存入银行，捐给孤儿，支援灾区和"希望工程"。

 点　评

在平时的德育过程中常有这样的现象，班主任苦口婆心的教育难以激起学生的情感波澜，即使是感人至深的先进事迹，也只能在课堂上泛起一时的情感涟漪；出了教室后，学生很快将之抛置脑后。

"喊破嗓子，不如做出样子。"这则故事当中胡老师有两处做得十分巧妙：一是当同学们对零钱丢弃在地不以为意时，轻轻地弯下腰，将其捡起擦拭干净。这里擦拭的不仅是那枚硬币，更是学生的心灵。二是胡老师并没有就此停止，而是趁热打铁让学生跟随父母看望福利院的小朋友，将要珍惜每一分钱的理念在学生心里得到强化。引导学生去亲眼见，亲耳听，亲自体会，引起孩子情感上的共鸣，将高尚纯洁的情感进而转化为行为动机。这样，教育的效果得到不断的强化，学生才能养成好习惯。

>>> **18. 担心被挪用，他捡钱不上交**

学生宋某捡到了五元钱，不想上交，想买食品与同学分享，他还振振有词地说，同学们上交的钱很少能找到失主，说不定最后让老师花掉了。班主任李老师找他谈这个问题。宋某理直气壮地说："老师，您敢肯定我们捡的钱、捐的钱都能被用到正当的地方吗？您没有听说过赈灾、助学、助残的捐款被挪用吗？"

李老师真的被他一连串的反问惊呆了。李老师想，这不仅仅是拾金不昧的问题，学生看到了社会太多的阴暗面，长此下去，他的人生底色将是一片灰暗，烦恼多于快乐，痛苦大于幸福。

那么，为师者应该怎么引导学生呢？

这 样 做

李老师对宋某的一连串问题没有掉以轻心，而是从育人的高度精心做文章。

针对学生认为捡到的钱"说不定最后让老师花掉了"的问题，李老师说："在咱们学校，同学们捡到的钱物交给班长后，由班长直接交给学校大队部，并在专用记录本上记下何时、何人、何物以及数量，然后在每年的助残助学活动中捐出去。有一次，我参与统计整理上交的钱，一共1198元，和全校师生的捐款一起捐给了失学儿童。所以说，任何老师都没有花同学们捡到的、捐出的钱。"

针对学生认为"赈灾、助学、助残的捐款被挪用"的问题，李老师首先说："我看得出你很正直，有自己的思想，你应该是一个敢于伸张正义的人。"见学生点头，李老师接着说："什么是正义？别人放火，我们救火；别人砍树，我们造林；别人扔垃圾，我们捡垃圾；别人做坏事，我们做好事。这才是正直的人的正义表现。别人放火，我们添柴；别人砍树，我们伐木；别人扔垃圾，我们丢废物；别人做坏事，我们也不做好事，你觉得我们还是正直的人吗？我们还是有正义感的人吗？我们还有资格去指责别人吗？"

见学生更坚定地点头，李老师又继续开导说："你是一个有思想、明事理的人，纷繁的社会难免会有不尽如人意的事情，比如你所说的挪用捐款的问题，这是事实，但我们应该看到有更多的人在奉献、在捐款，挪用捐款只是个别人的行为，并且最终还是被揪出来了。这说明正义必定战胜邪恶。老师希望你成为一个播撒阳光的人，我也相信你会懂得怎样做才是最好的。"

沉默了一会儿，宋某说："老师，我错了。一会儿，我就把钱交给班长。我也知道以后应该怎么做了。谢谢老师。"

点　评

学生宋某的问题是司空见惯的，也是个比较棘手的问题。社会风气的确不尽如人意，也影响到了青少年，致使青少年在是非面前难以分辨，产生了一些消极的思想，而这些错误的、糊涂的思想又难以纠正。

这位李老师做的思想工作很值得借鉴。

第一，李老师对学生的糊涂认识不是训斥，不是含含糊糊地否定，而是用事实来说服。针对学生认为捡到的钱"说不定最后让老师花掉了"的问题，李老师给学生报了一笔账，这样就有说服力。

第二，针对学生认为"赈灾、助学、助残的捐款被挪用"的问题，第一步，李老师首先肯定学生是个"很正直"、"敢于伸张正义的人"，取得了学生的首肯，接着在"正义"一词上做文章，告诉学生正义的人不会同流合污。第二步，进一步肯定学生"是一个有思想、明事理的人"，也承认学生所说的挪用捐款是事实，然后说明社会上奉献是主流，正义必定战胜邪恶。第三步，李老师更上一层楼，希望学生"成为一个播撒阳光的人"。这样教育就不是就事论事，而是给青少年指出人生努力的方向，有利于学生一生的发展。

>>> **19. 平时花钱大手大脚的学生竟然"哭穷"**

情景故事

这年，学校又要评定经济补助的学生了。刚开始，杨老师担心孩子们会害怕别人笑话家里穷而不愿申报。谁料，杨老师在班里刚一宣布申请补助的各项条件，教室里立马乱成了一锅粥。这个学生说自己符合哪条哪条，那个学生说自己的家庭是多么的不幸，一个比一个惨！

再看学生交上来的家庭情况调查表，有些学生的家庭简直是一贫如洗！没有几个学生的亲人能够免于疾病的折磨：不是肺炎就是心脏病。有些学生不惜把自己美满的家庭说得支离破碎，甚至让自己的亲人"伤亡"！杨老师竟然看到几个平时花钱大手大脚的孩子也在"哭穷"之列。

怎样处理这样的问题呢？

这样做

河南省息县夏庄中学的杨家厚老师想，孩子们这样做，长此以往，必将导致孩子们丧失人格，失去做人的骨气，孩子们在人生道路上将难以自立自强，于是决定给孩子们补点"钙"，让他们找回可能会丢失的自强不息的精神。

在"美文欣赏"时间，杨老师给学生读了从《读者》上选的一篇文章——《贫穷不是理由》。说的是四川省内江市的农村学生李小萍，一个贫困家庭的孩子，在高考中以优异的成绩考上大学却无钱缴纳学费。著名音乐人高晓松得知此事后，承诺在她拿到大学录取通知书时资助她全部的学费。李小萍拿到录取通知书的那天按照约定给高晓松回了电话，但却谢绝了他的资助，因为在这期间已经有人给她资助了学费。高晓松随即表示每月给她500元的生活费，李小萍也婉言谢绝了。李小萍家有年迈的奶奶、上初中的弟弟和多病的母亲，家里唯一的经济来源是年过五旬的父亲在煤矿挖煤赚的工资。有人不理解她的做法，说她傻，以她的情况接受两笔资助并不违背情理。而李小萍却说："我觉得诚信和自立是自己的责任，虽然我暂时贫困，可是我没有任何理由逃避这种责任。"

在读到文末"我觉得诚信和自立是自己的责任，虽然我暂时贫困，可是我没有任何理由逃避这种责任"一句时，杨老师故意加重了语气，读了两遍，然后静静地观察孩子们的反应。大家一声不吭地坐着，看来是在对李小萍的做法进行思考。杨老师问："你们认为李小萍这样做，对吗？"孩子们齐声回答："对！""那么如果是你，你能像李小萍那样谢绝高晓松的资助吗？"孩子们的回答没有刚才那么响亮整齐了，有的学生在议论四年一共可以得到多少钱。

杨老师说："那是很大一笔钱，不是哪个人都能轻易谢绝的。但你要明白，那不是你的钱，那是别人的资助。不要认为，拒绝了，你就遭受了很大的损失。其实，你一点也没失去。相反，你得到了人生中最大的一笔财富——自立自强。我们看看李小萍是怎么说的吧。"杨老师把事先准备好的小黑板拿出来，上面写着李小萍的那句话，杨老师带领学生齐读："我觉得诚信和自立是自己的责任，虽然我暂时贫困，可是我没有任何理由逃避这种责任。"孩子们的眼睛亮亮的，有些湿润。

杨老师最后又说："孩子们，我们的生活还有很多不尽如人意的地方，我们的家庭可能很贫穷，这不是我们的错，也并不可怕。只要我们如实填写自己的家庭情况，得到补助是应该的，就像李小萍，她接受了资助，不能说她就丧失了自立自强的骨气。你们都是很懂事的孩子，都想得到补助，帮助父母减轻负担，可是如果通过故意夸大自己的贫穷而取得补助，那么补助不但不会成为你的垫脚石，反倒可能成为你人生路上背负的一座山，让你永远不能站起来，你只能依靠别人的施舍才能生存……下面，每人拿出一张纸，重新介绍自己的家庭情况。"

那次的补助对象，杨老师是按照学生第二次填写的情况确定的。

点 评

　　杨老师针对平时花钱大手大脚却在评定经济补助时"哭穷"的同学，采取了科学的教育方法。这是对贫困生的最大的热爱、最真切的关心。

　　给贫困生以适当的经济资助是应该的，但是，不能让贫困生理所当然、理直气壮地接受资助。物质资助是一时的，精神激励才是永久的。不能让贫困生以贫困为遮阳伞，蜕化为精神矮子。要教育贫困生，物质上的贫困并不可怕，可怕的是精神上的贫困。

　　班主任在对贫困生进行教育时，除了给予物质上的必要的资助外，更要注意精神上的关怀，要让贫困生明白：贫困，不是理由！自强不息才是做人的根本！

　　班主任应该是学生的主要精神关怀者。杨老师给学生补"钙"，让他们找回可能会丢失的自强不息的精神，就是对此生动而具体的诠释。

第二辑　尊重是教育的前提

　　教师要自觉地尊重每一位学生，应更多地关注学生的内心情感体验，小心翼翼地去触及那些稚嫩的心灵。

>>> **20. 老师发现了女学生尿裤子的秘密**

情景故事

冬日一个星期一的清晨，升旗仪式正在进行，五星红旗伴随着激昂的国歌声徐徐升起，国旗下的讲话也在有条不紊地进行着。张老师无意中低头看见自己班里一位女生脚下的那一片地湿漉漉的，而且湿的面积似乎在逐渐扩大。其他同学都在仰脸听演讲，只有张老师发现了这个女孩尿裤子的秘密。

张老师发现自己低头的样子吓坏了她。张老师抬头时，看到一双惊恐的大眼睛，眼眶早就被窘迫和羞辱的泪水盈满了，她嘴唇嗫嚅着，一副想说什么又羞于说出口的样子。

老天爷，一个女孩子尿裤子的秘密被一位年轻的男老师无意间发现了，这其中的难堪可想而知。

张老师心里想，这可怎么办？

这样做

浙江省余姚市梁辉小学的张文灿老师凝视了这个女孩子几秒钟，眼中充满善意，然后意味深长地点了一下头，轻轻地。一瞬间，她读懂了老师的眼神，惊恐即刻减轻了许多。

张老师忧心忡忡地想：等一会儿大家回教室的时候，排在她后面的同学走过她刚才站的地方时，还是能看出些"名堂"啊！那时她可就无地自容了。怎么办？张老师灵机一动，干脆就站在她身边，等广播说"请各班整理队伍带回"时，张老师有意地轻轻按住她的肩说："你先别走，老师找你谈话。"班主任找学生谈话是再平常不过的事情，没有一个学生感到奇怪，都绕过她站的地方，头也不回地迅速离开了。

等同学们都走了以后，张老师小声关切地问："你回家换换裤子好吗?"她迟疑地点点头，可还是从眼神里透露出来一丝忧虑。

　　为了让她宽心，张老师急忙郑重其事地说："今天的事情，老师保证不告诉任何人!"继而，张老师又故作轻松地说："小时候尿裤子，这种事情很平常啊! 每个人都有，包括老师在内。"这句话真奏效，她马上喜形于色，飞快地向家跑去。

　　在以后的日子里，张老师触到这个女孩的目光时，她清澈的眼眸总是溢满了信任和感激。这个五年级的女孩每每在作文中用最美的词汇描写张老师，甚至影响到她未来的理想。她在作文中深情地写道："长大后，我一定要当一名像张老师那样懂得学生心思的好老师!"

 点　评

　　随着社会的发展，人们的法制观念越来越强，保护青少年的人格尊严也成为社会关注的热点。《中华人民共和国未成年人保护法》中就明确了"尊重未成年人的人格尊严"是保护未成年人工作遵循的原则之一。

　　未成年人不仅生理不成熟，而且心理也不成熟。他们有着不同于成年人的审美观、价值观、人际交往观，有他们特有的兴趣、爱好、性格……班主任要保护学生的隐私，虽然有些隐私常常是幼稚的、可笑的，甚至是错误的，班主任也决不能对学生进行讽刺挖苦，更不能公之于众。否则，很容易造成不良后果，甚至酿成悲剧。

　　有的班主任借口关心学生，杜绝学生早恋，竟然私自拆开学生的来往信件，偷窥学生的日记……这都是违法的行为。

　　案例中的张老师有一双敏锐的眼睛，及时发现了女孩尿裤子的秘密，并选择了正确的处理方法，为孩子保住了秘密，保护了孩子的尊严，是值得借鉴的。

　　请班主任牢记——保护孩子们的自尊，这是为师的准则之一。

>>> **21. 学生们背着老师把试卷翻得乱七八糟**

情景故事

王老师遇到了这样一件事。一次单元测验结束后，王老师在教室里批改卷子，改了一半时有事出去了。再回到教室时，王老师看见卷子乱七八糟地摊了一讲桌，改过的和没改过的都分不清了。

面对这堆乱七八糟的试卷，面对学生的不礼貌举止，王老师应该怎么办？

这样做

河南省安阳市特殊教育学校的王维老师是这样做的。

他没有劈头盖脸、气急败坏地训斥学生，而是给学生讲了一个故事：

北京有一家外资企业招工，有很多高素质人才前去应聘，最后一关是总经理面试。

面试时总经理对那些应聘者说："很抱歉，年轻人，我有点急事，要出去 10 分钟，你们能不能等等我？"那些应聘者说："没问题，您去吧！我们等您。"总经理走后，这些踌躇满志、得意非凡的年轻人，围着总经理的大写字台看。他们看见上面的文件一摞、信一摞、资料一摞。这些应聘者你看这一摞，我看那一摞，看完了还互相交换。

10 分钟后，总经理回来了，说："面试已经结束。""没有啊！我们一直在等您面试呐！"总经理说："我不在的这段时间，你们的表现就是面试。很遗憾，你们没有一个人被录取。因为，本公司从来不录用那些乱翻别人东西的人。"

故事讲完了，同学们的目光投向了那几个乱翻试卷的人。王老师装作没看见，趁机问："谁愿意帮老师整理讲桌上翻乱的试卷？"孩子们纷纷举手，也包括那几个乱翻试卷的孩子。

王老师笑了，他相信，以后试卷放在讲桌上，再也不会凌乱了。

点　评

这是个似乎不值得大惊小怪的事情，可是王老师没有熟视无睹，而是意识到这是关系到孩子的习惯养成、文明修养的大问题，于是小题大做。

借助故事进行教育，这是行之有效的好办法，不是干巴巴地说教，而是利用故事来施教。而这道理因为渗透在生动的故事情节里，所以很容易被青少年接受；故事中蕴含着深刻的道理，能够起到震撼心灵、启迪思考的作用。于是，在不知不觉中，就教育了青少年。

王老师选择的故事恰到好处，起到了触类旁通的奇效。这启示我们平时要多读书、多积累，这样才不会出现"书到用时方恨少"的困窘。

讲完故事后，学生领悟了，王老师趁热打铁，启发学生用实际行动改错，这一点也很重要。思想教育的实效要落实到行动中。一般老师，只是停留在口头的思想教育上，这是浅层次的教育，而这则案例中王老师的做法是值得提倡的。

>>> **22. 他公然当众嘲讽一个女同学舔食品袋**

情景故事

有一天，在课堂上，张老师让学生讨论话题——勤俭节约的好习惯，同学们争先恐后地发言。突然，学生小王站起来略带嘲讽地大声说："我发现小芹同学有勤俭节约的好习惯。她每次吃完小食品，都会把食品袋翻过来舔得干干净净。"全班同学顿时哄堂大笑。

小芹脸红脖子粗地争辩说："我哪舔了？我哪舔了？"说着说着就埋头哭了起来。

张老师知道，小芹的父母离异，她跟着奶奶过日子，生活很困难，想必吃零食也是一件很奢侈的事情。

面对哄堂大笑的学生，面对埋头痛哭的小芹，班主任应该怎么办？

这样做

甘肃省白银市白银区第二小学的张承梅老师是这样做的。

她想到小芹的身世，说："舔食品袋很正常，有时候有的东西太好吃了，吃完了还想吃，忍不住就会把食品袋舔一舔，这没有什么大不了的。老师小时候特别爱舔食品袋，觉得回味无穷。"教室里逐渐静了下来。

张老师问："还有谁和老师一样舔过食品袋？"几个同学举手喊道："我也舔过。"同学们的注意力已经转移，张老师看到小芹抬起了头，眼泪汪汪地注视着张老师。

张老师接着说："学生的主要任务就是学习，同学之间应该比谁的进步快、谁的收获大。有的同学喜欢比吃、比穿、比玩。可是，你穿得再好、零花钱再多，也不是你自己挣来的，不算你的本事。在学习上，谁更踏实、认真、努力；在生活中，谁更勤俭节约、不乱花钱、尊重父母的劳动成果，谁才是最棒的。同学们，现在应该发奋学习，学好本领，长大后创造更多财富，那才是自己的真本领。"

教室里安静极了，孩子们都若有所思。

 点　评

被人耻笑舔食品袋，这真是让当事者十分尴尬的事，如果处理不好，小芹以后将抬不起头。这又是事实。张老师敏锐地抓住这个问题，巧妙地进行疏导。首先，张老师"引火烧身"，淡化这个事情的尴尬程度，然后又把"火"引到大家身上，进一步淡化尴尬。这种转移学生兴奋点的做法非常巧妙。

最值得称道的是，张老师不是就事论事，而是引导全班学生思考"应该比什么"，把同学们的思考引到一定的高度——"同学之间应该比谁的进步快、谁的收获大"，引到"现在应该发奋学习，学好本领"。

一次尴尬的事情变成了教育的契机，班主任就要巧妙地做这样的文章。

>>> **23. 他让身体残疾的同学吃他剩下的食品**

情景故事

班里的学生小金患有比较严重的癫痫病，因为长期服药，他的语言和动作比较迟缓，面貌上也有所变化。实际上，这个孩子的情商很高，待人接物很有礼貌，心里也有些想法，只是表达不出来。

这一天吃饭的时候，坐在前排的小王，偷偷地把自己吃剩的饭菜倒到小金的碗里。吃水果的时候，小王又故意把自己咬了一口的香蕉给小金，非要小金吃下去。

如果你是班主任，对此你会怎么做？

这样做

湖北省武汉市武汉小学的徐静茹老师是这样做的。

徐老师刚看到小王欺辱小金，立刻怒火中烧，把小王叫到教室外，想对他进行一番狂轰滥炸。但是，看到小王战战兢兢的样子，她发现，"在我面前站着另一个弱者，他担忧地看着我，恐惧即将到来的暴风骤雨"。徐老师又想到："做这件事之后，他不可能没有愧疚感。如果我用强势来压他的话，他会受到打击。如果光是批评，那么这个事情就可能成为他心中的一个疙瘩。这个疙瘩是否会影响他处理其他的事情？"于是，徐老师平静下来，问小王："刚才那样做，你想了解些什么？"小王直白地回答："我想了解他是不是像别人说的那样傻。"徐老师追问道："你那样做了两次，了解到什么？""他的确很傻，我两次给他吃我吃剩下的东西，他都吃了……"

通过交流，徐老师知道小王这样做是出于好奇心，于是，对小王说："这个星期你是这个小组的组长，作为组长了解组员的情况是对的，但今天你采用的这种方式是不对的。你现在已经了解到结果，作为组长，是不是要有改进的措施呢?"徐老师进一步开导他说:"我可以给你几个建议:第一,你可以跟其他同学讲,这样的事情不能再发生了,因为我已经试过了,他不会拒绝,我们要帮助他学会拒绝;第二,他不参加同学活动的时候,你们要主动牵着他的手走进这个集体。这两个建议,你觉得能接受就去做,觉得可以再创造一些新的做法,更好。"

从第二天开始,小王不仅按徐老师的建议履行了组长的职责,还想出了很多帮助小金的办法。小金在同学们的帮助下也能完成一些学习任务了。

再后来,小王和小金成了好朋友,班上再没有人嘲笑小金了。

点　评

刚看到小王侮辱小金的一刹那,保护弱者的本能使徐老师产生一种为弱势主持公道的强烈冲动。但是,徐老师很快就冷静下来,由最初的冲动到反思,再到设身处地地从小王同学的角度分析问题,然后和他进行了比较深入的交流,摸清了孩子的真实想法,她决定不把这件事上升到道德批评的高度,于是,有的放矢地进行了疏导,并提出了两个建议。徐老师的做法很值得借鉴。

关心弱者,关爱残疾人,在青少年的心中播下真善美的种子,是我们教育青少年的一个永恒的主题。但是,怎么关心、关爱,要有艺术性,不仅要关心、关爱弱者、残疾人,也要关心不知、不懂、不会关心关爱弱者的孩子。从某种意义上说,这些孩子的心灵也有残疾,也需要关注、需要医治。遇到欺辱弱者的事件时,为师者一定要冷静,不能一棍子打死人。

关心弱者,关爱残疾人,这比较容易做到;而如何关心、关爱,这比较难做好;而关心不知、不懂、不会关心关爱弱者的孩子,这更难做好。批评欺辱弱者,是比较简单的;在欺辱弱者的孩子心中播下真善美的种子,是比较复杂的。我们就要在"更难做好"和"比较复杂"上多下功夫。

>>> 24. 在大庭广众之下，他居然扒下同学的裤子

⏱ 情景故事

体育课上，李老师请男生 A 给大家做示范动作，而男生 B 居然上去把 A 的裤子拉了下来。李老师把这件事告诉了班主任张老师。

张老师想起了前段时间，让学生写作文，题目是"自己最崇拜的人"，孩子们大多写的是叶问。为了引导学生不盲目崇拜叶问的武术，于是张老师在班上放了电影《叶问》。电影中有一个镜头：茶庄老板为了让他的弟弟体验当众揭别人丑的尴尬，因而脱掉了弟弟的裤子。学生看的时候哄堂大笑。张老师敏感地意识到学生可能会模仿，因此还专门和学生讨论了这种当众被羞辱的滋味是令人很不好受的，并且希望同学们不要做这样的事情。

可是现在，不希望发生的事情还是发生了，张老师应该怎么办呢？

📰 这样做

湖北省宜昌市金东方学校小学部的张辉玲老师是这样做的。

张老师想，难道孩子们并不觉得这是一种羞辱他人的举动，而只是觉得好玩？于是，想出了一个让学生亲身体验的做法。

上课铃响了，张老师让 B 站在讲桌边，搬了一把椅子放在讲桌旁，让 B 从椅子上爬到讲桌上站着。然后，张老师平静地对大家说："刚才体育课上，B 当众脱下了 A 的裤子，这是对 A 同学极不尊重的行为，是在当众羞辱 A。现在我们要当众羞辱 B，让他也品尝品尝被当众羞辱的滋味。"于是作势要脱 B 的裤子，同学们个个笑得前仰后合的。此时，张老师飞快地扫过孩子们那张张幸灾乐祸的脸，试图搜寻一两个没有笑容只有担心的脸。但是很失望，她感到心寒，眼前浮现出一帮高中女生当众凌辱同学的情景……

张老师突然脸一沉："全体同学站起来！如果现在站在讲桌上的是你，是你，是你（张老师说一个，用手点一个），你还笑得出来吗？是的，你没有像 B 一样去羞辱别人，这里站着的不可能是你，但如果是你的弟弟犯了错，站在这里马上要被羞辱了，你还笑得出来吗？"孩子们脸上的笑容一下子凝固了。

此刻，教室里安静极了。

停了一会儿，张老师又说："明明知道 B 做的是错事，为什么我们还要向他学？明明知道你的同学马上要被当众羞辱了，为什么没有人出来制止？同学们，你们把你的同班同学当作兄弟姐妹了吗？"

教室里异常安静！

张老师转向 B："如果你被人当众羞辱，你心里好受吗？"

B 连忙说："不好受！A，对不起！"

张老师柔和地对 B 说："下来吧！回座位上去吧！"

 点 评

张辉玲老师的做法可圈可点。对这样司空见惯的恶作剧，张老师没有一笑了之，或者是轻描淡写地批评几句，而是抓住这样微乎其微的小事，从学生心灵深处做文章，教育学生要尊重别人，不要羞辱同学。

张老师不仅教育了肇事者，而且借题发挥教育了全班同学。这就是教育机智，这就是独具匠心。

有首歌唱得好："人生最美好的憧憬，至善至诚的心灵！人生最美丽的风景，至真至美的纯情！驱散黑暗是黎明，太阳来了悄然无声，眼睛看见了心灵，心灵感动了眼睛。"教育就是要从小事抓起，走进学生的心灵，培育美好的心灵。

抓住这类微乎其微的小事大做文章，是工作艺术，也是班主任的责任。

>>> **25. 四年级学生不让一年级的小朋友**

⏱ **情景故事**

某校四年级一班的学生要外出参观，因此租了一辆大客车。班主任见车大，于是顺便带上了一年级一个班的小朋友，并把好座位都让给了他们。这在四年级一班的学生中引起轩然大波，同学们对此很有意见。在大客车上，不少四年级的学生嘟嘟囔囔，已经坐在前面后来又迫不得已坐到后面的几个同学更是把嘴撅得老高。

如果您是班主任，您准备怎么办？

📖 **这样做**

安老师是位优秀班主任，她认为在这种场合，万万不能批评、训斥四年级一班的学生，更不能说他们"狭隘自私"，而应当在以后的教育活动中加以教育。

安老师认为这时容不得班主任深思熟虑后再来解决问题，必须当机立断。她的办法是，引导一年级小朋友："四年级的大哥哥、大姐姐们把最好的座位让给了你们，你们应该对他们说句什么话呀？"（相信孩子们一定会说"谢谢"）然后，再请四年级一班的班长说说一路上应该怎样关心照顾一年级的小弟弟、小妹妹。这样，这个问题也就迎刃而解了。

☕ **点 评**

对待这样涉及众多学生利益的事情，一定要谨慎处理。不能当着其他班学生的面让自己的学生下不了台，要婉转地、巧妙地当机立断处理，然后再做后续工作。

安老师的方法就很妥当，先借一年级小朋友之口，封住本班学生的口，然后请班长来表态，在不知不觉中就解决了问题。

这个事情解决了，但是这个事情所反映出来的问题其实还远远没有解决。这就是孩子所表现出来的自私。现在的青少年学生，大多数是独生子女，他们的交际面越来越狭窄，由于社会的影响，他们对宽容、互助、怜悯、关爱他人、自省等品格越来越鄙视。有的青少年对地球上的动物，对自己的小伙伴，甚至是对精心呵护自己的母亲，乃至对自己的生命，表现出来的多的是冷漠、仇恨、冷酷，少的是亲情、温情、同情、友情。他们的心中缺乏爱，缺乏美，缺乏善良，更缺乏生活的激情。他们的心灵中没有争鸣的百鸟，没有斗艳的鲜花，没有潺潺流动的小溪，没有清澈透明的清泉……甚至没有一丝绿色，是一片寸草难生的荒漠。这就是亟待我们根治的青少年情感荒漠化。

为此，班主任要开展情感教育，用亲情、温情、友情去温暖青少年的心灵。德育是人性的教育，一定要杜绝假、大、空。我们要告诉学生不仅要爱祖国、爱党、爱人民，还要爱自己的亲人、伙伴、朋友、老师和自己；爱社会，还要爱生活；爱他人与自身的生命，还要爱其他生物的生命。

班主任可以借助人文与大自然的力量，丰富青少年的内心世界，使之成为情感充沛的人。当前，我们要警惕教育的人文危机，中小学教育务必要走出应试教育的怪圈，一定要高扬素质教育的大旗，开展人文教育，培养健康的人格，追求人性的完善，这是根治青少年情感荒漠化的要求。

我们可以用传统文化做生命的底色。我国古典诗词浩如烟海，其中许多内容是人们歌颂春天、热爱生活与自由的。感情强烈、扣人心弦、易引起心灵震撼、激起心灵风暴的佳作比比皆是。我们借用它们来根治情感荒漠化应该是十分有效的。用音乐来陶冶情操、培育情感也是非常见效的。司马迁说过："故音乐者，所以动荡血脉，通流精神而和正心也。"音乐"感心动耳，荡气回肠"。莫扎特、贝多芬、施特劳斯、舒伯特、海顿、柴可夫斯基……这些音乐大师或以悲怆，或以忧郁，或以高亢，或以低回，或以欢乐，或以雄壮的音乐激荡着人们的心田，拨响人们的心弦，音乐有利于培养青少年的健康丰富的情感。而其他艺术形式，如美术、书法、舞蹈……都是根治青少年情感荒漠化的得力助手。

借助大自然的魅力根治青少年情感荒漠化，也是行之有效的方法。大自然魅力无穷，不用说鸟语花香、青山绿水，就是那干涸的土地，也会激起人们对生命、对绿色的追求与向往；不用说人们热爱春天的生机，热爱夏天的繁茂，热爱秋天的丰收，就是百花凋敝、滴水成凌的冬天，也会激起人们对新生活的憧憬。我们带学生走进大自然，让学生感受大自然，他们必会滋生出丰富的感情，心田也将不再贫瘠。

>>> 26. 学生发誓再不跟这位老师打招呼了

情景故事

晨会课上，张老师与学生一起讨论"怎样做一个有礼貌的人"。学生各抒己见，提了很多建议。张老师微笑着总结："同学们说得很好，老师知道你们都是有礼貌的好孩子。从现在开始，从你们对老师的问候开始，我们一起努力！"这时，杨阳同学站了起来，看上去有些激动，他认真地说："张老师，我们每天跟老师打招呼，很多老师都不理我们的。""是的。"有不少学生附和着。

接着，杨阳向大家讲述了他与老师打招呼而老师不理他的故事——

早晨，杨阳背着书包愉快地向学校走去。路上，碰到了学校的老师。杨阳马上想到老师说的——学生要有礼貌，看见老师要主动问好。于是杨阳大声地向那位老师问好。谁知，那位老师竟充耳不闻。不要说应答，连表情都没有。杨阳尴尬万分，站在那里不知如何是好，并且还听到了随行同学的窃笑声。杨阳气得直咬牙，发誓从今往后看见这位老师再也不跟他打招呼了。

杨阳讲述完毕，班上同学议论纷纷，好多学生都说他们也遭遇了杨阳那样的尴尬，于是再看见老师就绕道而行了。

面对学生的议论，班主任应该怎么做？

这样做

浙江省湖州市飞英小学的班主任张晖老师是这样做的。

听完孩子们的话，张老师的心猛地一颤。她想，我们每天进校时，孩子们见了老师都热情地跟我们打招呼；而老师呢，总是习惯性地骑着车子径直冲到校内，连回应孩子一声这简单的事都不愿意做。殊不知，这小小的疏忽却伤了孩子的心。

第二天早晨，张老师骑车到校门口看见值日的学生齐刷刷地站在校门两边，赶紧下了车，推车进入校园。孩子们端端正正地给张老师行了个队礼，甜甜地问了声："老师早！"张老师冲他们点点头，微笑着回敬了一句："你们早！"这本来微不足道的一颌首、一句话，竟然会让学生们很感动。有个小女孩凑近同伴的耳旁说："老师向我们问好呢！"张老师从孩子们那一张张笑靥如花的小脸上，读出了他们的幸福与满足。

从此，张老师见到学生都会主动向他们问好。

 点 评

师生关系是一种非常独特的人际关系，教师的行为有时会影响学生的一生。教师要自觉地尊重每一位学生，应更多地关注学生的内心情感体验，注意在一些生活细节上与学生进行心与心的沟通，小心翼翼地去触及那些稚嫩的心灵。

看似不起眼的"打招呼"，实则透露出了当前师生关系冷漠、疏离等现象。我们的老师，脑子里还有"师道尊严"在作怪，认为学生向老师问好是理所当然的。诚然，老师不论是在年龄上、身份上，堪称孩子的长辈，按照中华民族"尊老"的传统美德，学生的确应该主动招呼长者。但，除了尊老，别忘了还有"爱幼"！因此，教师应该对学生的问候还之以礼。因为，教育家乌申斯基说过，"教师个人的范例，对于青年人的心灵，是任何东西都不可能代替的最有用的阳光"。俗语也说，"身教重于言教"。

要学生做的事，教师要亲自做；要学生守的规则，教师也应该遵守；要学生跟教师打招呼，教师也应该向学生打招呼。教师是行走在学生心尖上的人，因此，教师的一次疏忽，一次怠慢，一次冷漠，都可能会把学生的心戳个窟窿，难以修补。

>>> 27. 面对故意搞笑的问候

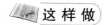情景故事

　　一直倡导尊师的沈老师正在被阵阵"老师好"的声音包围着。只要走出办公室，"老师好"、"老师好"的声音就不断传入耳中。这种拖着长腔甚至有点刺耳的走形式的打招呼已经让沈老师听得有些腻烦了。有时一个同学能问到五次"好"，沈老师无奈地应付着。久而久之，连头也懒得点了，只抬头看一眼，甚至一走而过，不留一丝痕迹，可学生依然热情不减。

　　沈老师不愿回应还有一个更重要的原因。这个班级中有几个调皮的孩子，他们见到老师总是大声喊："老师好!"如果你回应，他们立刻就说："老师好，老师妙，老师呱呱叫!"

　　怎样对待这故意搞笑的问候呢?

这样做

　　沈老师是这样做的。

　　她想，这种特别的问候到底是在故意搞笑，还是想引起我的注意? 自己作为班主任，竟然不采取任何措施，妄图逃避，这样做合适吗?

　　然后，她采取了相应的措施。

　　这天，在上课时随着一声"起立"，沈老师大声说："同学们好，同学们妙，同学们呱呱叫!"这话犹如平地惊雷，班里顿时炸开了锅，同学们叽叽喳喳地说了起来。有几个女同学问："老师，是谁这样呀，太不像话了!"沈老师没有吭声。沉默了一阵，说："同学们，你们的问好本意是对老师的尊重，可如今，这种变味的打招呼只能让我们敬而远之，这是你们愿意看到的吗?"没有人再说话。沈老师接着说："'老师好'只是一种问候，它不在于次数的多少，不在于声音的高低，而在于能否促进师生关系的和谐，

能否和老师进行真诚的交流。哪怕是一个眼神、一个动作、一抹微笑，都足以引起师生之间的心灵碰撞。"学生们沉默不语，若有所思。

从此，沈老师再也不必为学生的问候而烦恼了，他们真诚而礼貌地打招呼成了沈老师的一种享受、一种快乐、一种幸福。

 点 评

《礼记》中有句话："师也者，教之以事而喻诸德也。"意思就是说，一名教师所教给学生的，不仅仅有专业上的知识，更要有优良的品德。教师被誉为人类灵魂的工程师，被比为辛勤劳动的园丁，被视为不求回报的摆渡人。既然如此，当学生出现不当行为时，教师就不应该回避，而应该积极地寻找教育契机，让孩子的心灵受到震动，从而抖落心灵上的尘埃，还孩子一个心清如水的世界。中国有句俗话"来而不往非礼也"，有时候，当学生没按牌理出牌的时候，教师也不妨来一次不按牌理出牌，或许能收到出其不意的效果。

>>> **28. 常被人取笑作弄的她获得了尊重**

 **情景故事**

　　林老师曾经遇到一个与众不同的孩子小涵。这是一个卫生习惯不太好的女生。鼻涕一流出来，她就顺手擦去，脸上、手上的痕迹清晰可见；讲话时，口水会不由自主地流下；同学们取笑她、作弄她，她就伤心不已，哭泣流泪，时而还会上气不接下气地大哭，也不管那是课间还是课堂上。做作业时，老师若没有及时到她的桌前辅导，她会随时上来询问，一边蹑手蹑脚地走着，一边悄悄地用眼睛瞟着过道两旁，怪模怪样的姿势，引起了过道两旁同学的关注，有时同学会伸出自己的脚，她就停在那儿，等他们把脚收回去，有时就这样双方干耗着。别人作业都完成了，她一个字都没写。

　　怎么帮助小涵走出困境，获得同学们的帮助和尊重呢？

这样做

　　浙江省温州市苍南县龙港潜龙学校的林志超老师是这样做的。

　　针对小涵不讲卫生的坏习惯，林老师为她准备了餐巾纸。她的桌上，老师的讲台、办公桌，甚至她的前后桌同学、组长那儿，随时备有为她提供擦拭的纸巾，让她使用。慢慢地，她学会了讲究卫生，时常能保持一天的干净。

　　针对她上课随意走动的坏习惯，林老师经常夸奖她"不懂就问"的钻研精神，及时表扬她的点滴进步，处处流露对她的关怀，课间尽量多跟她聊聊生活。学生们看到林老师对她如此照顾，也开始慢慢地接近她了。

　　针对同学们对她的恣意作弄，林老师一方面教她如何面对，转变小涵待人处世的心态，唤醒她坚强的内心，培养她不屈的气度；一方面教育学生们要有爱心，制止他们嘲弄"弱者"的行为。

一次，小涵因为被同学小涞作弄，哭得惊天动地，口中念念有词，悲伤哽咽。学生迫不得已请来林老师。林老师对小涵说："你知道吗？当你觉得被人欺负或者被作弄时，也许那个同学是想帮你。所以，你应该高兴，因为你有什么困难或烦恼的事，就可以请他来帮你。"那一天，小涵紧跟着小涞。除了上课，小涞的课余时间，都用来帮助小涵了，辅导作业、帮助值日等。

接下来的日子，小涵开心了很多。令人欣喜的是，小涞在对小涵进行了多次帮助后，深感小涵的不易。助人获得的快乐，让小涞幸福无比，小涞竟然与小涵交了朋友，而且还带她进入自己的交际圈。

 点 评

对待小涵这样的孩子，考验的是教师的心态。正因为林老师认识到像小涵这样的学生，是让自己的教育能力得以淬炼、教育内涵得到提升的大好机会，于是，林老师觉得与小涵相遇是一份情缘，由衷地喜欢她。因此，林老师能够无微不至地关怀她、呵护她。

林老师的关心有的放矢，从为小涵准备擦拭的纸巾这类点点滴滴的小事做起，以柔软的方式走进学生心灵，拨动学生的心弦，去触摸心底，去激励、去鼓舞、去唤醒小涵。

林老师引导学生体会"多求者，多助"、"多助者，多乐"这两句话的含义，要求学生多多地去求助于他人，让他们欣喜地去获得帮助；也鼓励大家去帮助他人，让学生获得内心满足的快乐。教育学生把"学会考虑他人"作为做人准则，让学生收获更多的真诚、更多的快乐。

以上这些值得我们学习。

>>> 29. 他为在亲朋中受冷落而感到羞愧

情景故事

　　孙老师这一年带的是初一的一个班。这天，阅读学生的日记时，孙老师看到男生阿磊的一篇日记，日记是这样写的：

　　2011 年 2 月 3 日　　大年初一　　天气晴

　　穿着一身新衣服，尴尬地坐在亲朋好友中间，我浑身难受，恨不得夺门逃窜。耳朵里，全是称赞表哥、表姐学习好的声音……尽管已经读初二的他们，个头还比我矮许多，也不如我帅气，但他们的学习成绩却比我好一大截。在春节这个特殊时期，单这一方面就比世界上最漂亮的衣服还值得炫耀！

　　大家没有一个取笑我的，都假装忽略了在场面红耳赤的我。但看看表哥、表姐那一脸的骄傲，听着那些谈论说笑，春节的那股兴奋劲儿，顿时烟消云散。

　　阿磊是班里的中等生，性格直爽，喜欢张扬个性，可是他在日记里透露出来的情绪却与他的本性不相吻合。孙老师想，这是为什么呢？应该怎样帮助他走出情绪的低谷呢？

这样做

　　孙老师看着这篇日记陷入思索之中，阿磊的内疚感和羞愧感深深刺痛了孙老师的心。孙老师想一定要帮助他走出情绪的低谷，让他的心灵也充满阳光。

　　孙老师等待着契机。这次期中考试成绩公布后，阿磊的成绩提高了一大截，他很兴奋，孙老师也很高兴，心想这是个难得的好机会呀！

这天放学后，孙老师留下了阿磊。在办公室里，孙老师送给他一个精美的笔记本，笑着说："祝贺你取得了这么好的成绩，送给你这个本子。"阿磊对孙老师鞠了一躬。

随后，孙老师给他讲了李阳从灰色生活中突围的故事。

李阳在中学时学习成绩一直不理想，曾几次失去信心想退学，但在老师和家长的鼓励下坚持了下来。1986年勉强考上了兰州大学工程力学系。在第一学期的期末考试中，李阳的成绩名列全年级倒数第一。大学二年级上学期，他已经有13门功课不及格了，其中英语连续两个学期不及格。

经过一番思考，李阳决定以英语为突破口，发誓要一举通过全国大学英语四级考试。

此后，李阳开始了"大喊大叫"式的学习。从1987年冬到1988年春，李阳复述了十多本英语原版书，背熟了大量四级考题。每天，李阳的口袋里都装满抄录英语各种句子的字条，有空就掏出来念叨，不管是在宿舍还是在教室，就连走路骑车，李阳的嘴也总在不停念叨英语。

在当年的英语四级考试中，李阳仅用50分钟就答完了试卷，成绩居全校第二名。

孙老师接着说："阿磊，李阳不值得我们学习吗？你的学习成绩蒸蒸日上，继续努力，一定会取得更好的成绩。老师不以成绩论英雄，你也不要因为成绩的高低而情绪起伏不定。老师最后赠送你一句话，是海伦·凯勒说的。她说：'当一个人感觉到有高飞的冲动时，他将再也不会满足于在地上爬。'"

看到阿磊会心的笑，孙老师知道他战胜了自卑。

点 评

　　孙老师敏锐的观察能力和分析能力是值得称赞的，由学生的一篇日记看出阿磊是个自尊心很强的学生。面对亲朋好友对表哥、表姐不断称赞，假装对他忽略时，阿磊的内心被深深刺痛了，他的内心一直在自我惩罚，羞愧、内疚打败了自信，受挫的沮丧让他远离了春节的欢乐，陷进了心灵的沼泽地。于是，孙老师从心灵上施以救赎，让学生心灵充满阳光。这种高度责任感是值得班主任学习发扬的。

　　借助故事激励，抓住阿磊被触动的瞬间，抓住他的低潮点做足文章，引导阿磊把这种对自尊心的打击变成激励自己奋发进取的动力——这种工作方法也是值得学习的。

　　请注意班主任教育学生的最佳时机：①兴趣点；②兴奋点；③情感点；④求异点；⑤变化点；⑥荣辱点；⑦利益点；⑧低潮点；⑨矛盾点；⑩敏感点；⑪闪光点；⑫共鸣点……

>>> **30. 老爸竟然成了老乡**

情景故事

当今有些青少年不懂得尽孝感恩，对父母的养育之恩不仅不以为意，而且还不尊敬、孝顺父母。诸如，有的中小学生与父母打招呼时不叫爸妈，而是用"喂"或"哎"来代替，甚至直呼父母的名字；有的中小学生对父母起早贪黑地劳作、累得腰酸腿疼的情况，视而不见，漠不关心；有的中小学生不把患病的父母放在心上，还说："反正人早晚得死，着什么急？"；有的中小学生嫌自己父母没有文化，土里土气，长相不美，以父母为耻。

一名在北京某大学就读的河南大学生，上大二时其父去北京看望他，老爸看见儿子满心欢喜，有的同学问这位老人是谁？儿子竟回答说："这是我的老乡。"老爸变老乡，其父泪汪汪。接着，儿子开口只问老爸带多少钱来了。

对青少年不懂得尽孝感恩的问题，应该怎么办？

这样做

第一，尽孝感恩教育必须从小抓起。这种教育必须从小抓起，要细雨润物，潜移默化，这是让中华美德代代相传的必由之路。尽孝感恩教育，从娃娃抓起本是我国优良传统之一。《论语》和《三字经》都把孝道作为主要内容。在国外，人们也十分重视对少年儿童施行感恩教育，苏霍姆林斯基在他创办的帕夫雷什中学正门墙上，写下了一条大标语——"要爱你的妈妈"。

第二，开展形式多样、主题鲜明的感恩教育活动，让学生在实践中完善自己。如讲述感恩故事，开展以感恩为主题的班会，使学生认识到孝心、爱心是立人之本，是一切德行之源；创办"感恩"小报，定期刊发有关"感恩"的个案，使学生亲眼目睹"孝星"的形象；学唱《感恩的心》《烛光里的妈妈》《为了谁》等感恩歌曲，开展以感恩为主题的歌咏比赛，使学生思想不断得到净化，情感得到升华，心灵有所触动。

第三，鼓励学生参加学校志愿者、红十字会等以服务他人与社会为宗旨的社团，在实践中培养服务意识，鼓励学生在父亲节、母亲节、教师节等节日为父母、教师做一些有意义的事情，拉近彼此的距离。要将这种感恩之心迁移到爱社会、爱祖国上，使学生能怀着一颗感恩的心成人成才，为建设和谐社会做出更大的贡献。

第四，通过电视、电影、报刊加大对先进人物的宣传力度，弘扬优秀的中国精神。中央电视台曾播放过一则公益广告：它用"FAMILY"这个英文单词聚成一个"家"字，接着打出字幕："爸爸妈妈我爱你"、"有爱就有责任"。在这个广告中还有这样一段文字："小时候，爸爸是家里的顶梁柱，高大魁梧的爸爸遮风挡雨。温柔贤惠的妈妈相夫教子。渐渐我长大了，少不更事的我总想挣脱爸爸的束缚，屡次顶撞唠叨的妈妈。长大的我渐渐体会到了生活的艰辛，发现爸爸的背早已驼得不成样子，妈妈的身体也已臃肿，是时候尽一份子女的责任，悉心呵护起这个家：做父亲贴身的拐杖，给他一个依靠的肩膀；给母亲撑把庇护伞，为她遮蔽盛夏的骄阳。"一个小朋友给下班后的妈妈端来洗脚水洗脚，以及"妈妈我也会洗衣服啦！"等公益广告都是非常好的感恩宣传片。这样的广告，教师应反复播放，并让学生反复赏析。

组织学生收看《感动中国》、"演艺界十大孝子"颁奖盛典等电视节目。

组织学生收集关于感恩的材料，用真实、生动的感恩故事教育他们、启迪他们、影响他们。陈毅元帅在母亲病重时到床前服侍，他给母亲洗尿裤时说："娘，小时候不知道您为我洗过多少次尿裤，今天就是我洗上十条，也报答不了您的养育之恩呀！"类似这样生动感人的材料俯拾皆是。

点 评

感恩之心，是人类心田中最美的种子，它发芽之后，会开出爱之花，结出爱之果。

父母对子女的感情，是人世间最纯真、最崇高、最无私、最深厚的感情。子女对父母的养育之恩，理应知恩、感恩、报恩，要把感恩之心常记不忘，时时想着报答。乌鸦尚有反哺之义，羊也有跪乳之恩，何况我们人类呢？如果一个青年人连自己的父母都不爱，他还会爱别人、爱家乡、爱祖国吗？有些孩子由娇而横，由爱生恨，甚至还有恩将仇报的。因此，"感恩教育"这一课实在不能小看，必须让孩子从小就要上好这一课。

培养学生识恩、知恩、感恩、报恩、施恩的思想，首先要让学生认识到他们所获得的一切并非天经地义、理所当然。要引导学生捕捉、感受生活中处处渗透的恩惠，启发学生发觉这些或大或小恩惠的价值所在，让学生对身边的人、事、物心存感激，一切是大自然和他人的恩赐，切实培养学生的识恩、知恩、感恩意识。

加强对青少年的感恩教育确实是德育的一项重要任务。

>>> 31. 学生朝着"卡西莫多"似的家长大笑

情景故事

　　卢静，一个优秀的女生，生活在一个父母离异的家庭。家长会上，班主任田老师从没看到她的父母来过。她曾经对田老师说过，她的父母都挺自卑的，母亲个子特矮，父亲嘴有点歪，怕被同学们嘲笑。

　　一天，田老师正在上朱自清先生的《背影》，门外响起了一阵敲门声，一个瘦小且嘴角有点歪斜的中年男子站在门口，木讷地对田老师说："我找卢静有点事。"同学们朝着卢静大笑："卡西莫多，卡西莫多!"卢静的父亲在门外匆匆交代几句后就走了。

　　田老师看到卢静回到座位上，低声啜泣。

　　面对这样的情况，班主任应该怎么做?

这样做

　　浙江省宁波市华茂外国语学校初中部的田志宏老师控制着愤怒的情绪，问学生："同学们，刚才我听到大家喊了一本名著中的一个人物的名字——卡西莫多，你们也算是学以致用吧。那么，你们除了知道他的名字以外，还知道他什么呢?"

　　"丑，是个丑八怪!"

　　"对，因为长得丑，你们就把卢静的父亲和这个名字连在一起，是吗?但是你们却忘记了老师讲的卡西莫多之所以能占据人们的心灵，不是因为他的丑，而是因为他的美!"田老师说道。

　　同学们个个表情惊异地看着田老师。田老师索性放下课本，从卡西莫多的面貌丑陋谈到他的心地善良，谈到他如何为了救年轻貌美的吉卜赛女郎埃斯梅拉达而舍弃了生命，谈到雨果作品中反映出的下层劳动人民的善良、友爱、舍己救人的人道主义思想光芒。

"同学们，现在，你们还觉得他丑吗？""不丑，他心地善良，赢得了大家的尊重。""他舍己救人，灵魂高尚。"同学们纷纷发表了自己的感想。

"那么，今天你们看到了这位父亲，他为什么从来不敢来探望他的孩子呢？他是因为不愿让他的女儿受到像今天一样的伤害。你们今天的举动带给这对父女多么大的伤害啊！你们不为刚才表现出来的鲁莽、无知、冲动、失礼而感到惭愧吗？"这时，同学们都低下了头。

接着田老师又巧妙地衔接到《背影》课文上，"一样的背影，别样的深情啊！大作家的父子真情感动了一代又一代的学子。我想，看到卢静父亲远去的背影，你们肯定有许多话要说吧。那么，接下来让我们大家畅所欲言。"听田老师这样一说，同学们的话匣子一下子打开了。有的结合课文，反思自己的言行；有的当面向卢静道歉；有的谈到怎样对待有缺陷的人；有的甚至比较起朱自清的父亲和卢静的父亲的背影远去时不同的心理活动。没有想到课堂上这样的一个意外却成了这堂课的点睛之笔。

期末家长会上，田老师意外地看到卢静的父亲出现了，田老师还破例地安排了她父亲发言——作为优秀学生家长的代表。而性格乐观开朗的卢静，成绩也一直保持着年级段的前列。

 点 评

苏霍姆林斯基说过，让每一个学生在学校里抬起头来走路。文中的田老师，面对突然混乱的课堂秩序，面对低声啜泣的卢静，他没有发火，而是控制住自己的情绪，以事说事，由卡西莫多的丑说到卡西莫多的美，不仅教育了起哄的学生，也呵护了内心受伤的卢静，让卢静由此可以在班里抬头做人！同时，也维护了一个家长在孩子心中的尊严。这样的智慧和仁爱是我们每个教师都要学习和修炼的。

教师在处理学生因自卑而产生的怨恨情绪时，要站在孩子的立场，细心地呵护孩子那颗脆弱、敏感的心。

>>> 32. 他拿着卫生巾满教室跑

情景故事

一天课间，刘老师正在办公室批阅作业，突然学生小画一脸焦急地冲进来喊道："刘老师，不好了，不好了！蓉蓉说她没脸见人了，正在教室里哭呢。"

刘老师一听有些急了，让小画快说。

"她……她……"小画先是吞吞吐吐，后又捂着嘴笑起来，然后鼓足勇气说，"蓉蓉来例假了，把卫生巾放在抽屉里，谁知被小虎看到了。他拿着卫生巾满教室跑，一边跑还一边喊：'蓉蓉用卫生巾了！蓉蓉用卫生巾了！'这下全班同学都知道了，蓉蓉羞得哭了。老师，怎么办啊？"

刘老师有些懵了。她本打算到六年级时再给学生上青春期教育课，没想到问题来得这么早，这么突然，而且是以这么尴尬的方式出现，让人有些措手不及，真是给刘老师出了一个天大的难题。

怎么处理这件事呢？

这样做

新疆维吾尔自治区哈密石油外国语学校的刘丽萍老师定了定神，开始考虑怎么处理：是把蓉蓉找来安慰一下，还是把那个"肇事者"小虎找来批评一番？这样做也许能够暂时缓解两人的矛盾，可是其他同学怎么办？能从根本上解决孩子们青春期出现的问题吗？思量再三，刘老师拿定主意：既然青春期的问题提前来了，与其遮遮掩掩，让孩子们觉得神秘莫测，不如正大光明地把它摆在桌面上，让孩子们真正了解它、认识它、正确对待它。于是告诉小画："你先回教室安慰蓉蓉，让她别着急，老师随后就到。"刘老师的抽屉里正巧有一个卫生巾，刘老师拿起它，快步走向教室。

教室里气氛非同寻常，调皮的男孩子们神情各异，女孩子们大多数愤愤不平，也有的学生在抿着嘴偷偷地笑。刘老师要创造一种比较轻松的氛围，于是笑了笑，平静而神秘地说："老师想请你们猜个谜语。什么东西早晨四条腿走路，中午两条腿走路，晚上三条腿走路……"

"人！"没等刘老师说完，几个学生就迫不及待地喊起来。

"对！这个谜语告诉我们，人的一生是不断发展变化的，刚出生的时候，我们的身体发育刚刚开始，所以要手脚并用——爬行。"刘老师边说边做动作，孩子们大笑起来。

看到孩子们已经彻底放松了，刘老师趁机提出了一个问题："那么，你们知道你们现在这个年龄身体会发生什么变化吗？"

"不知道！"孩子们一脸疑惑。

"当人长到十一二岁的时候，身体会发生比较大的变化。女孩会经历一种变化，叫月经。大家看，这是什么？"刘老师拿出卫生巾。

全班哗然！有几个男孩子大笑起来，几个女孩子则捂住了脸。刘老师继续平静地说："这个叫卫生巾，是刘老师放在办公室备用的。"刘老师顿了顿，发现孩子们已经安静下来。"男同学不要笑，你们见过自己妈妈用的卫生巾吗？""见过。"男孩子有些不好意思地回答。

"对啊，正因为你们的妈妈在十几岁的时候身体发生了这样的变化，才具备了孕育生命的条件，才在多年以后给予了你生命。孩子们，我们的母亲要经历多少痛苦才能孕育我们，这就是女性的伟大、母亲的伟大！所以，蓉蓉，老师今天要在这里祝贺你——你长大啦！"同学们把目光投向了一直埋着头的蓉蓉，并热烈地鼓起掌来。蓉蓉脸上挂着泪珠，羞涩地笑了。

刘老师接着说："如果班上还有女孩子也来了月经，一定要告诉我，老师也会向你表示祝贺的。另外，月经期间，由于失血过多，身体比较虚弱，不能做剧烈运动，也不能参加重体力劳动。所以，男孩子们，要多照顾女同学，回家要照顾好你的妈妈，为妈妈多分担一些家务劳动。这才是真正的男子汉！"

这以后，班级又恢复了平静。再没有男孩子笑话女孩子用卫生巾的事了，几个女学生很感谢刘老师告诉她们这些，要不然，都不知上学时来月经了该怎么办。也有家长打来电话，感谢刘老师给他们的孩子在人生的关键时刻上了重要的一课。

 点　评

　　女孩子来月经，孩子们进入青春期，该怎么开展青春期教育，怎么撩开青春期神秘的面纱，这是个棘手的难题。青春期教育刻不容缓，不能回避，不能拖延，必须纳入班主任工作日程，要引导学生正视自己身体和心理上的变化，从而获得身心的健康发展。如果我们忽视，甚至回避这个问题，像案例中的男孩子拿着卫生巾满教室跑的突发事件就会频频发生，学生会越传越神秘，无法想象会引起多少不良后果。

　　青春期教育必须讲究艺术性，案例中刘老师的做法充满了教育智慧，是值得借鉴的。她没有大惊小怪，而是紧紧抓住这个机会给孩子们上了一堂生理卫生课。从猜谜语到讲人的生理变化，在淡化孩子们的好奇心之后，刘老师拿出自己使用的卫生巾，引到孩子们的妈妈也使用卫生巾，缩短了距离。更高妙的是，刘老师进而引到母亲伟大，要照顾好母亲，要照顾好女同学。这样进一步联系到责任感，深化了教育主题。

　　刘老师正确处理这件事的关键在于分清了问题的实质是思想问题还是生理问题。其实，这个问题很简单，孩子到了这个年龄，会对异性的所有的事情都感兴趣。这个男生也就是好奇而已。要爱护学生，要从学生生理、心理发展的情况分析问题、解决问题，不能想当然。

　　现实中，我们一些老师一旦看到学生做出一点出格的不合常理的行为就武断地认为是品格问题、思想问题，于是兴师动众，大动干戈，非要把学生搞得声名狼藉、低头认罪不可。其实，很多事情并非那么严重，许多发生在青少年身上的问题大多是生理问题、心理问题，而非思想问题、品德问题。我们要从学生的角度看待问题、解决问题。

>>> **33. 一个初二学生偷偷上涉黄网站**

　　初二一班班主任魏老师这天下午接待了学生阿雄的妈妈。阿雄的妈妈是位知识女性，是瞒着孩子来向魏老师求助的。

　　阿雄的妈妈讲了这样一件令她十分困扰的事情——

　　　　周末的一天，我去超市买完东西回家，孩子他爸告诉我，他发现孩子在偷看涉黄网站里的色情图片。这让我大吃一惊，也让我联想起此前有一回，我忘了敲门就进入儿子的房间，坐在电脑前的儿子慌慌张张关闭了网站页面，当时我还觉得诧异。

　　　　那个大大咧咧的、脸上还充满稚气的"懵懂小子"怎么就突然让我觉得有些"陌生"了呢？平时，我们一直觉得儿子是那类晚熟的孩子，有些"马大哈"，不太懂人情世故，难道是进入青春期的孩子都会变得无比好奇？

　　　　我和孩子他爸商定说就先假装不知道，至少在我们没有想到和他进行沟通的最合适的方式前保持着比较"淡定"的一种状态。

　　　　前天吃完午饭，儿子找数据线，说是要下载东西，我也没特别在意。后来不小心看到他的手机里面竟然有色情图片，这次的发现不知道为什么让我"淡定"不下来了。现在的孩子们都把手机玩得很溜，尽管此前也听说有不少孩子会用手机上涉黄网站，看色情的东西，但一旦面对的是自家孩子，内心就特别不是滋味。难道是我太大惊小怪了吗？

　　　　印象中关于青春期的话题，我们也与孩子交流过，不过好像有些轻描淡写。本来想让孩子他爸和孩子之间进行一场"男人和男人的对话"，但又担心他爸把事情"搞砸了"。

阿雄妈妈最后向魏老师问道："孩子偷看色情图片，这样的心理正常吗？我们到底该怎样对待？是睁一只眼闭一只眼，还是应该坚决制止，抑或是我们该为孩子补上青春期教育这一课？"

 **这样做**

对阿雄妈妈提出的这些问题，魏老师认真思索了一会，她笑了笑，说："我有一点小小的提醒，就是您提到的几次'不小心'，孩子他爸怎么发现孩子偷看涉黄网站且不说，忘了敲门就进入儿子的房间，'不小心'发现儿子手机里的色情图片……这些'不小心'的行为能免则免。否则，别说影响教育和沟通的效果，对亲子之间的信任和相处也会是一种伤害，请千万慎之又慎。"阿雄妈妈不好意思地笑了。

然后，魏老师慢条斯理地提出以下几个建议。

第一，切勿简单粗暴。青春期的孩子都有一颗易碎的"玻璃心"，纤细敏感，因此最忌简单粗暴的批评教育。"不要脸"、"下流"……在与"性"相关的敏感话题上，家长过分地批评责骂，甚至侮辱打击，很容易在孩子心灵上留下难以抹去的伤痕。有过这种经历的孩子，要么变得退缩畏惧，对性产生恐惧感，不利于未来的人际交往和婚姻生活；要么在逆反心理的影响下，恼羞成怒，破罐子破摔，"你说我不要脸，那我就不要脸给你看"。这些都是家长不乐于看到的结果。

第二，不必讳莫如深。有些家长很怕刺激到孩子，平时就对与"性"有关的话题讳莫如深，提都不敢提，即使发现孩子有某些可疑迹象，也只能憋在心里，自己担心受累，越想越可怕，其实大可不必如此。家长平日里就要适当地和孩子做一些这方面的交流，不必刻意，不必全面，只需要给孩子营造出一种即使是和"性"有关的事，也能和父母商量的氛围即可。如果平时从未涉及，一下子要和孩子讨论这方面的问题，那么不仅孩子会尴尬，家长本身也很难开口。

第三，做好知识储备。说到性知识，我们都以为家长是过来人，懂的一定比孩子多，其实往往是小瞧了孩子们。已经成为爸爸妈妈的我们这一代人，在小时候所处的基本是比较保守，甚至是落后的教育环境，没有接受过系统的性教育，很多人即使结了婚、生了孩子，对性知识依然是一知半解。在和孩子开始讨论"性"话题之前，家长先做好相关的知识储备，购买一些正规的性教育书籍和孩子一起分享是一个不错的选择。

第四，"禁"不是办法。对于孩子偷看色情图片、图书甚至影片，绝对禁止并不是最好的办法。我们应该做到"限"、"转"、"导"。"限"就是限制，家长对孩子上网的时间及范围，手机的使用都应有所限制；"转"就是转移，多带孩子出去接触人群，鼓励孩子参加各种体育锻炼活动，鼓励他们学习感兴趣的各种技能，转移他们对"性"的注意力和渴求；"导"就是引导，为孩子提供正确的、系统的了解性知识的渠道。告诉孩子，对"性"的好奇是正常的，但是了解了并不代表就要现在去实践。

听了魏老师这样深入浅出、具体翔实的讲述后，阿雄妈妈满意地点头。

 点 评

初中生偷看色情图片，在目前社会是具有一定普遍性的现象。这种现象的产生是内因、外因共同作用的结果。外因是当前高度发达的传媒，随便打开电视，也许就突然冒出俊男美女激吻的画面，更不用说各种口袋书、淫秽网站、不良刊物……面对这些五花八门的诱惑，刚刚迈入青春期的孩子们，难免受到冲击。

上帝让亚当、夏娃不要吃禁果，他们就偏要吃；宙斯让潘多拉不要打开魔盒，她就偏偏忍不住，这就是所谓"禁果心理"。对大多数孩子来说，性本身固然有吸引力，但是多数"看多了就腻了"。追根究底，那种偷偷摸摸的、拥有自己小秘密的刺激感，才是让他们沉迷的原因。孩子看色情图片并不可怕，可怕的是"偷看"时的"尝禁果"的刺激感觉。因此，绝不要让孩子觉得，"性"是洪水猛兽，是神秘的"禁果"。

在网络资讯发达的今天，如何引导孩子正确了解性知识，抵制不良性资讯的诱惑；如何帮助家长增加这方面的知识，引导他们采取科学的方法帮助孩子抵御诱惑，这是班主任工作的重要内容之一。

>>> 34. 一个女生向班主任袒露喜欢一个男同学的心事

情景故事

一天，班主任徐老师接到某学生的一封信，信上这样说："我和他在小学曾在一个班，没想到初中又在一个学校，虽然不在一个班，但这更好，忘带书了可以去找他借。不久，我发现他有很多优点……渐渐地，我对他产生了好感！有时约他回母校探望老师或一道回家，当然只是谈论一些学校里发生的事。有一回，我跟他一道回家时被同学看见后大加渲染我们的事。我的心里反而有一种莫名的愉悦感。我真的'喜欢'他了。但有些不知所措，怕别人笑话我，批评我'早恋'。但我仍不能自拔，我无法收回这份感情。因此，想求得您的帮助，并替我保密。"

如果你是徐老师，将怎样帮助她走出烦恼？

这样做

徐老师在给这个学生的回信中，首先对这个学生进行了评价，开门见山地说："你能向我吐露真情、袒露心事，让我很感动。谢谢你对我的信任！这也说明，你真是一个诚实的孩子，是一个比较有选择能力的学生。"针对学生的烦恼，徐老师写道："孩子，你喜欢一个异性同学，没有什么过错。生理学家调查研究认为，当今的青少年要提前3—5年进入青春期，你信中说的现象只是一种青春萌动期异性吸引的正常现象，不必为之烦恼。要正确对待同学的议论，并从中吸取教训，进行反思。要扩大自己的交往范围，把握住与该男生的交往分寸，减少交往频率，多参加集体活动，把你对他的'喜欢'深埋心底，相信你会走出烦恼的。"

最后，徐老师语重心长地告诫她说："你和我的女儿年龄相差无几，我在心里把你看作自己的女儿。我告诫女儿，如果真的陷入儿女情长的早恋中，甚至偷吃了禁果，那真的会影响你的前途，造成终生的遗憾。我相信你会处理好这份感情的。"

 点 评

处理学生早恋问题已经或者正在成为教师的基本功，此功不练是不行的。而青少年早恋问题是个敏感问题，也是个棘手的难题，班主任必须正视，并且学习相关知识，研究并掌握青少年的生理与心理知识。

听说学生早恋，不管情况有多么严重，教师都不可作震惊状，不可变脸色。要以关切询问的态度先问清情况再说。若像道德警察一样，先露出一副鄙夷的神色，对学生进行"大批判"，那是要坏事的。

学生涉足恋爱，敢于跟教师吐露实情，而没有什么顾忌，说明学生信任教师，知道能从教师那儿得到真正的帮助，而不是简单的斥责和惩罚，这是教师处理好学生早恋问题的前提和基础。没有这个基础，一切都无从谈起。如果在学生的心目中教师不是朋友，而是警察和侦探，他就绝对不会告诉你自己的隐私，于是你只能在黑暗中战斗，当然最大的可能性是失败。要做到学生敢对你说心里话，这可是本事，绝不是一日之功。看班主任专业水平的高低，这是一条重要标准。

对早恋的学生，班主任可以提出几条建议。

例如：可以让学生明白恋爱是没有错的，不要对自己的自然情感有犯罪感。对异性有好感，正如树要发芽、长枝、开花、结果一样正常。

可以建议学生不要轻易随便地表达情感，珍爱自己，让自己的情感在最合适的时候开出最灿烂的花。

可以建议学生不要做出违反中学生行为规范的事情，告诫学生花儿开得过早，会提前凋零，结不出饱满的果实。

可以建议学生要努力做到"三要"：一要尊重自己的情感，不要随意滥用；二要尊重自己，不要做出伤害自己和他人的行为；三要慎重平衡中学阶段学业和情感的关系。

>>> 35. 会考在即，他俩却牵手走进爱的"沼泽"

情景故事

夜空中弥漫着花草的清香，夏虫轻声呢喃，这是一个月光皎洁的宁静夏夜。尹老师的心却无法平静——生物、地理会考在即，前任班长阿荣却和琪琪忙里偷闲地"早恋"着！接连几个晚自习后，尹老师都看到他俩黏在一块。今晚亦是如此：远离宿舍区的足球场周围的跑道上，阿荣和琪琪两棵小白杨似的身影走了一圈又一圈。看样子谈兴正浓，悠扬的熄灯铃声响起两人都浑然未觉。

尹老师走下楼，假装到足球场旁的小商店里买东西，和店主高声闲聊，有意让阿荣他们听到。那两个身影马上像受惊的小鹿，眨眼便不见了。

尹老师辗转反侧，彻夜难眠，不知该怎么斩断他们的情丝。

这样做

对此，湖南省长沙市雨花区雨花学校的尹华利老师进行了深刻的分析，认为像阿荣这种头脑聪明的学生，应付书上那点知识绰绰有余，"早恋"对他的学习似乎没什么影响。琪琪则不同，基础本来就不太好，玩心又重，学习成绩一直处于中等水平，现在陷入感情的旋涡，成绩更是急转直下，怎么办？若听之任之，两人的前程或许都会毁了。若照以往的经验，将他们的感情当面说穿，再耐心地讲一番道理，又担心两人因情绪波动太大会影响生物、地理会考成绩。尹老师想这件事要管，只是，得有技巧。

第二天，尹老师把阿荣、琪琪及其他几位同学喊到办公室，并未提及感情方面的事，只就会考对升学的重要性和冲刺阶段如何进一步提高成绩、确保会考胜利谈了点希望和建议，暗示阿荣、琪琪集中精力努力学习。果然，在尹老师视线范围内，两人的言行举止收敛不少。但直觉告诉尹老师——涛声依旧。

生物、地理会考成绩很快揭晓。阿荣两门成绩都在 95 分以上，而琪琪生物考了 76 分，地理考了 84 分（全班学生中 90 分以上的占 2/3），尹老师觉得面谈的时机到了。于是，和琪琪在一处僻静的地方进行了一番长谈。

"琪琪，对自己的会考成绩满意吗?"

"不满意。"

"琪琪，这学期你的成绩下降不少，老师也很着急，我不愿看到一个很有潜力考上好大学的同学在中考时就落下马来，希望你能坦诚地和老师交流，不要有任何顾虑，今天我们的谈话，天知地知、你知我知……能说说成绩下降的原因吗?"

琪琪的脸腾地红了，抬眼看了尹老师一下，旋即低下头。

她避重就轻，尹老师单刀直入。"和阿荣有关吗?"

琪琪是个单纯的女孩。"老师，你可能都知道了吧?"于是琪琪倒豆子似的把自己如何喜欢阿荣、主动接近阿荣、两人表白的经过都说给尹老师听。言辞间有掩饰不住的幸福和骄傲——好些女生都羡慕她是阿荣的女朋友。

阿荣确实招人喜欢。一米七八的个头、阳光帅气的脸庞、遥遥领先的学习成绩、漂亮过硬的篮球技术，特别是投中三分篮后，扬脸时得意地一笑，柔顺的头发随着奔跑的身子上下起伏，就像一位骄傲的骑士，牢牢地吸引住了女生们的眼球。琪琪虽不是很漂亮，但白净清秀，更有让班上女生嫉妒得咬牙切齿的魔鬼身材，两人站在一块，真是一对金童玉女。只是，他们还没到爱的季节，爱，成了阻碍琪琪成绩提高的沼泽地。尹老师心想一定要好好开导她。

"琪琪，选阿荣这么优秀的男生做自己的男朋友，老师佩服你的眼光!看得出，你是一个追求完美的、有品位的人。只是，这段看似完美的感情只有经得起时间的考验和风雨的洗礼，才能让你获得长久的幸福和快乐。

阿荣人很聪明，又肯上进，不出意料的话，考个重点本科不成问题。他那么优秀，喜欢他的女孩中，比你漂亮、比你有前途的大有人在。你能肯定，他将来不会动摇，甚至弃你而去?"接着，尹老师给她看《长沙晚报》上的一篇报道，说的是一位高中女生沉湎于和心仪男生长相厮守而荒废了学业，结果高考落榜。虽然男孩在大学毕业后和她走上了红地毯，一年之后却决绝而去。因为男孩发觉，公司里那些大学毕业的女职员个个举止优雅、谈吐不凡，而和她们年龄相当的妻子则孤陋寡闻、粗俗不堪，他无法忍受这种缺少共同语言的婚姻。

琪琪看完报道后，黯然中透着焦虑："老师，我确实担心他……所以总是想着法子逗他开心，看到别的女生和他说几句话我都要生半天的闷气。我该怎么办?"

"逗他开心的法子总有穷尽的时候，生气只会让人生厌，战胜对手、吸引伴侣的最高法则是提升自己。目前来讲，首要的任务是专心学习，将来考上好大学，才能和他一同欣赏未来的美丽风光。我建议你找个时间和阿荣摊牌，暂时把爱埋在心底。四年后如果你俩还有感觉，大家一起祝福你们……开始的时候可能有点难受，多和同学们一起玩，还要有顽强的毅力，时间一长就没事了。"

"嗯。"琪琪使劲地点了点头。

几天后，琪琪照尹老师说的做了。尹老师又对阿荣说："爱一个人就要让她快乐，你的爱带来了琪琪成绩的下降、担心失去你的惶恐以及家人知晓后的责骂。这种爱，不是阳光，不是鲜花，而是致命的沼泽……爱，如果成为一种负累，不妨选择放手。男子汉大丈夫，应该拿得起，放得下，老师相信你有这个魄力。"

暑假后，他们心中的爱已经彻底休眠。

一年后，阿荣如愿进入名校就读。琪琪考入一所二类重点高中。教师节前，尹老师收到了琪琪的贺卡："老师，谢谢您曾牵着我的手，成功地绕过了爱的沼泽地!"

点 评

哪个男子不钟情，哪个少女不怀春？步入青春期的少年，春心萌动在所难免。最难得的是尹老师如此开明，在理解学生的同时，有效引导学生。尹老师深谙爱的艺术，明白爱的理由有无数条，斩断情丝的方法有千万种，但作为老师，绝不能只有程咬金的三板斧的功夫，而应该十八般武器样样精通。尹老师能站在学生的立场，牵着他们的手，巧妙地绕过爱的沼泽地，其中充满了技巧，因此一切都是那样水到渠成、自然流畅、有理有节，学生便欣然接受了老师的建议。

这个案例还可以给我们许多启示：（1）青春期的孩子逆反心理最强，对孩子的问题，教师切忌粗暴阻止。（2）尹老师之所以能引导学生成功，源于她对爱情有着深刻的理解。班主任若想顺利引导学生，应当多读书，多思考，这样对学生说出来的话，才会生动、有吸引力和说服力。（3）和学生单独谈论"早恋"问题，一定要把握时机，如果时机不成熟还不如不谈。

>>> **36. 她喜欢上了自己的异性老师**

⏱ 情景故事

有一天，夏老师看到办公桌上有一封学生来信，信上写道："老师，我求助于您，因为您学过心理学。"信中说：

> 我在初三时与一个男同学谈恋爱，我对他好极了，可不久却被他甩了。从那时起，我"恨"屋及乌，对同龄男生产生了一种强烈的厌恶感，导致同学关系紧张。
>
> 高一下学期，我班来了一位40多岁的男数学教师吴老师。吴老师讲课生动幽默，书法苍劲有力，篮球球技过人。从他上第一节课开始，我就喜欢上了他。于是我下课就问吴老师问题，问问题时又不专心思考，而是"含情脉脉"地盯着吴老师看。后来有时跟踪吴老师回家，周末就打电话以问题为托词达到跟吴老师"说说话"的目的。寒假里甚至还偷偷跑到吴老师家附近转悠，只为见吴老师一面。一见到他，我就感到一种莫名的快乐、温暖和幸福，我幻想要是我能够和他天天在一起该多好啊！
>
> 后来吴老师意识到我喜欢他，就有意与我保持了师生间应有的距离，提醒学生问题不可过多，应当独立思考。我敏感的心受到伤害，我热烈的心情一下子降到冰点，常独自流泪到天明。苦闷之时，我不知不觉间给好友张某讲了自己的心事。哪知张某不信守诺言，又跟班主任和同学说了，而班主任又与我的家长通了话。一时间，他们都说我"不要脸"、"单相思"，这样的舆论向我压过来，我几乎快要崩溃了。我写了一篇日记，我发誓说："如果哪个再敢说我不要脸，亵渎我的感情，我就死给他看！"
>
> 困惑的刘娟

这可是棘手的难题，怎么办呢？

这样做

重庆市巴蜀中学的夏义勇老师把信看了两遍后，与刘娟进行了一次长谈。

夏老师说："刘娟，你能信任老师，我很感谢你。我今天就以客观、中立的态度同你探讨你的问题，我会对这件事情保密，请你放心说说心里话。"她点了点头。于是她就把信件内容讲述了一遍，夏老师静静地听着。末了，她说："老师，我这是不是很变态啊，很无耻啊，该怎么办呢？"夏老师诚恳地说："刘娟，你这不是什么变态行为。莫给自己扣上这个帽子。"接着，夏老师告诉她"恋师情结"这种奇特的心理现象产生的原因及其规避的方法。

她睁大眼睛看着夏老师，眼里充满了摆脱困境的渴望。

夏老师接着分析，怎样才能顺利走出这段情感低谷，夏老师说："以下几个建议供你参考：其一，克服对同龄男生的交往障碍，不要以偏概全地认为同龄男生都不好，而要积极寻找正常的交往环境，让自己想与异性交往的心理得到合理满足。其二，恋师是不现实的，年龄差距、生活差距、心理差距都很大，这是注定没有结果的。其三，恋师是片面看人的结果，你所认为的吴老师是世界上能力最强、为人最好的人，就是不能辩证看问题得出的片面结论。你只看到吴老师在讲台上'指点江山，激扬文字'的精彩一面。其四，要进行内部心理调节，做好心理转移工作，同时也安排好每日学习与休息的节奏，将注意力转移到紧张的学习生活、集体活动、体育锻炼中去，并在其中增进与同龄异性的交往，开阔视野，感受青春里的精彩，进而淡化那种'童年时的恋情'，走向成熟人生。"

刘娟认真地聆听，不时点点头，眼睛越来越明亮了。夏老师知道她开始摆脱心理困扰了。

后来的一个月内，夏老师又与她进行过四次讨论、交流、辅导，她的"恋师情结"逐渐得到了矫正。

点 评

应该怎样认识这个问题？进而解决这个问题？

先说怎么认识这个问题。

第一，美国心理学家赫洛克从发展的角度，把青少年性意识的形成时期分成四个阶段：疏远异性的反感期—牛犊恋时期—接近异性的狂热期—正式的浪漫恋爱期。赫洛克把进入性萌发期的青少年，对某一特定年长异性倾心和爱慕的情感，形象地称为"牛犊恋期"。中学生的"恋师情结"即是"牛犊恋"的一种表现形式。

第二，从青少年生理发展的角度看，"恋师情结"一般发生在处于青春期的部分中学生身上。进入青春期后，中学生开始对异性产生兴趣，产生朦胧的性爱心理体验。这个时候，中学生处于"心理断乳期"，他们的心理状态十分矛盾复杂。教师由于职业的特点，与学生朝夕相处，和学生比较亲近。此时，如果在他们的身边出现一位有魅力的教师，处于青春朦胧期的某些中学生，就有可能在潜意识中对某位异性教师产生一种朦胧的、混杂着信任和崇拜、依恋和爱慕的微妙情感，进而导致"恋师情结"的发生。"恋师情结"是青少年性意识发展过程中可能出现的正常现象，不能不加区别地简单视之为"变态心理"。

第三，"恋师情结"的心理有如下特征：

其一，有一定积极的潜在动力。一般而言，中学生的"恋师情结"多属于一种纯真的精神人格向往。中学生迷恋的异性教师，往往是优秀的教师。从心理的深层次分析，中学生这种对异性教师的钟情与"英雄崇拜"类似，实质上是他们内心自我完善的动机的自然流露，他们常常产生一种自我完善的迫切意向，表现出较高的进取心和行动的积极化。可以认为，中学生的"恋师情结"透射出青少年对美好事物的纯真向往，从某种意义上讲，具有一定积极的潜在动力作用。

其二，心理的闭锁性和不切实际的虚幻单恋。由于传统的伦理观念和社会舆论，人们对于年龄、能力、社会地位悬殊的恋情，通常采取不接纳态度，这种无形的压力迫使许多中学生将自己的情感深藏心底，或是通过日记独自倾诉和品味，表现出严重的闭锁心理。由于晕轮效应，他们常常把倾慕对象过分理想化，羞于道出、怯于表示，唯恐自己冒失轻率的举动引起对方的不满和反感。因此，多数具有这种特点的情感容易发展为一种炽烈虔诚而又虚幻的单恋。

其三，表现出一定的性别差异与个性差异。学者认为"恋师情结"存在某些性别差异，一般以处于青春萌发期的少女居多。这可能是由于青春期的女孩对情感的感知比较深刻和细腻，有高度的情绪易感性，渴望被人理解和保护，而且，这种情感的发生以内向型的中学生居多，尤其是那些社会适应不良、缺乏家庭温暖与关爱、性格孤僻的青少年较易发生。

其四，不稳定性。绝大多数青少年的"恋师情结"都是难遂其愿的。"恋师情结"多是一种精神上的单相思，被倾慕的教师往往并不知晓，即使偶尔有所觉察，大多也能以一种慎重、得体的态度，巧妙地加以处理。所以随着时间流逝，这种得不到强化的情感会逐渐淡化，只留下一缕美好而温馨的回忆而已。随着阅历增长和人际交往范围的扩大，青少年评价自己与他人的能力逐步提高，他们到了一定年龄阶段，不再像过去那样盲目地崇拜偶像，甚至发现原先爱慕崇拜的偶像身上，也有某些常人不可避免的人格弱点。这时，许多青少年开始能够比较理智地判断自己与对方在各方面的巨大的，甚至是不可逾越的差距。在多种因素作用下，他们原有的痴情会随自我意识的成熟而逐渐冷却、消退。

再来说解决问题的建议。

其一，尊重学生情感，注意教育方式。如何扬长避短、因势利导，是教育工作者处理此类情感的着眼点。教师要理解学生的这种情感，以个别辅导为主，注意保护学生的隐私和自尊心。同时，要把正面教育与暗示性引导巧妙结合，帮助青少年正确认识和理智处理自己的情感。

其二，提高学生的评价能力，促进自我意识发展。不断提高青少年自我评价与评价别人的能力，这是减少和消除"恋师情结"发生的有效手段。同时，教师还要对那些识别能力差、社会阅历浅的青少年给予更多关注，帮助他们理性地认识社会和人生，防止他们由于认知偏差和晕轮错觉，误把某些品德不良的年长异性当作"英雄"崇拜迷恋，甚至上当受骗，造成不良后果。恪守教师的职业道德，保护青少年一代身心健康的成长，是每一个教育工作者义不容辞的天职。

其三，组织集体活动，增加学生与同龄人交往的机会。缺乏集体交往，与同龄人沟通不畅，是促发"恋师情结"的客观因素之一。教育工作者应通过组织丰富多彩的集体活动（如旅游、劳动、演出、文学社团、科技小组等），增加他们与同龄人交往的机会，促进同龄人之间的相互理解和沟通，这对于转化和消除某些青少年的"恋师情结"具有积极意义。

其四，通过模仿和升华机制，挖掘"恋师情结"的潜在动力作用。教师要注意引导学生把成长过程中的这种美好情感和追求理想自我的强烈动机，迁移到更有价值的精神领域的不倦追求中去，激发学习的积极性，促使个人情感的顺利转化，使心灵和情感得以升华。

第三辑　用智慧打开学生心门

班主任要拥有一双慧眼，善于观察，善于抓住稍纵即逝的教育契机，及时地对学生进行教育引导，发挥指导者、促进者的作用。

>>> **37. "劣迹斑斑"的她在考场上用手机作弊**

🕐 **情景故事**

雷老师接手了一个新班，正赶上期中考试，付莉莉同学在考场上用手机作弊，被抓现行。监考老师要求雷老师一定要严惩她。

付莉莉在全年级"声名显赫"。她着装前卫、爱串班、交不良朋友、谈恋爱、讲脏话、有吸烟史……

面对这样"劣迹斑斑"又屡次犯规的学生，雷老师该怎么办才好？

📖 **这样做**

湖北省武汉市武珞路中学的雷凯红老师刚开始时难以冷静，想借机给她来个下马威，以解心头之气。静下心来后，发现这个念头是可怕的。若给她来个下马威，全班同学会用什么样的眼光去看她？将会怎样对待她？她今后在同学们面前怎么抬起头呢？也许这样一来，她就会继续破罐子破摔了呢！雷老师决定改变方法，拉她上岸。

首先，帮她正衣冠。雷老师把付莉莉叫来，见她低着头，就拉了拉她背后的衣服说："领口这么低，当心着凉啊！"她没有吱声。雷老师又若无其事地说："你看，你这么细长的脖子，又是短发，领子高一点肯定会好看一些。"她下意识把领子往上拉了拉。

其次，退还手机。见她很在意自己的形象，雷老师心中窃喜。趁机掏出手机递给她，说："这是你的手机，还给你。"付莉莉猛地抬起头来，一脸愕然地看着雷老师，不敢伸手接。雷老师把手机塞到她手上，用鼓励的眼神看着她说："拿着吧。这次考试的事情，我不会告诉其他同学和你的家长的。我想你这样做是想考好一点给我这个新班主任留下一个好印象。对不对？老师把手机还给你是相信你今后不会再违规了，而且，老师发现你是一个爱美的女孩，也相信你会明白什么是美好的行为，也一定会努力去做使自己更美的事情。"付莉莉感动了。

再次，语言鼓励。付莉莉眼里泛起泪花，低声说："谢谢老师！我错啦！"雷老师拍了拍她的肩膀，亲切地说："傻丫头，人难免会犯错误，知错就改是好样的。我也很爱美呀，找时间咱俩探讨探讨怎样使自己更美的话题，好不好？"她使劲点点头。

最后，求助于家长。等付莉莉离开后，雷老师马上拨通了她家长的电话，不是告状，而是向家长求助，争取家长的配合，要求家长决不可以在孩子面前提及此事，并一起制订了转化该生的秘密计划。

周一到校时，付莉莉的出现让人眼前一亮，大方得体的衣着，漂亮整齐的短发。雷老师称赞道："你今天好美呀！"她羞涩地一笑，交给雷老师一封信。回到办公室，雷老师仔细读了这封信。在信中，她坦言自己过去交友不慎，养成许多不良习惯，同学们的嘲笑促使她自暴自弃。这次雷老师的宽容唤醒了她内心的渴望，她发誓要告别过去，脱胎换骨，重新开始。在信的末尾，她说要做心灵美、行为美、成绩美的美丽女生，请雷老师帮助。

看完信，雷老师欣喜地在上面画了一个大大的笑脸。

自此以后，付莉莉像换了一个人，她学习刻苦、举止文明、尊敬师长、帮助同学，学习成绩进步神速。

　点　评

像付莉莉这样"劣迹斑斑"的学生，一般是在嘲笑、冷漠、批评、斥责声中长大的，他们不怕别人声嘶力竭的痛斥，不怕冷嘲热讽。他们怕的反而是尊重、信任和宽容。

案例中的雷老师深谙后进生的心理，面对付莉莉在考场上用手机作弊这样让人深恶痛绝的事情，细心地若无其事地帮助她正衣冠，本来她的衣服前卫，不符合中学生着装的要求，雷老师却是关心她不要着凉，告诉她怎样穿戴才是美，在细声细语中委婉地提示。

雷老师用语言、用行动表示自己始终是相信她、重视她的，从根本上唤起了她的自尊心，从而改变了她的衣着穿戴，直至内心的追求。

雷老师的反思很重要。起初，雷老师也想给她来个下马威，但是考虑到——全班同学会用什么样的眼光去看她？将会怎样对待她？她今后在同学们面前怎么抬起头呢？也许这样一来，她就破罐子破摔了呢！于是才有了后面的精彩。所以，我们面对后进生惹起的事端，应该冷静下来，好好思索，采取最合适的方法。

>>> 38. 学生的理想是腰缠万贯，拥有香车美女……

⏱ 情景故事

厉老师做了这样一个调查：让学生想象一下自己 40 岁时的生活。学生写的内容让她非常痛心：男同学写的大多是腰缠万贯、香车美女；女同学很多写的是吃吃薯条，看看韩剧，没事和姐妹们一起逛逛街，买买衣服，美美容！

如果你是厉老师，你想怎样对学生进行教育？

📖 这样做

对学生这样浅薄的物质追求，厉老师感到十分痛心。她明白，这不是三言两语就能解决的问题，如果灌输大道理，也不会奏效。于是，厉老师先引导学生们学习了一篇名作——美国作家塞缪尔·尤尔曼的散文《年轻》。第二次世界大战期间，对日作战的美军总司令麦克阿瑟把短文《年轻》镶在镜框里，一直摆在桌子上。日本投降后，他的总司令部移至东京，《年轻》仍摆在案头。这篇《年轻》曾放在美国总统克林顿办公桌的玻璃板下，成为他的座右铭。松下幸之助说，自己见到该文后，几十年来一直把它作为座右铭。

厉老师带领全班学生一起诵读了这篇几百字的文章。

> 年轻，不是人生旅途中的一段时光，也不是红颜、朱唇和轻快的脚步，它是心灵中的一种状态，是头脑中的一个意念，是理性思维中的创造潜力，是情感活动中的一股勃勃生机，是使人生春意盎然的源泉。

年轻，意味着宁愿放弃温馨的享乐去开创生活，意味着具有超越羞涩、怯懦的胆识和勇气。这样的人即使到了60岁也并不逊于20岁的小伙子。没有人仅仅因为时光的流逝而衰老，只有放弃了自己的理想，才会变为真正的老人。

岁月可以在皮肤上留下皱纹，但若保持热情，岁月就无法在心灵上刻下痕迹。只有忧虑、恐惧和自卑才会使人伛偻于尘世之上。

无论是60岁还是16岁，每个人的心里都会蕴含着奇迹般的力量，都会对进取和竞争怀着孩子般的无穷无尽的渴望。在你我的心灵之中，都拥有一个类似无线电台的东西，只要能源源不断地接收来自人类和造物主的美好、希望、欢乐、勇气和力量的信息，你就会永远年轻。

无论什么时候，这无线电台似的东西一旦坍塌，你的心便会被玩世不恭的寒冰和悲观绝望的酷雪所覆盖，哪怕你才只有20岁，你也会衰老。但如果这无线电台似的东西始终矗立于你的心中，捕捉着每一个乐观向上的电波，那你就会有希望在80岁告别人世时，依然年轻。

然后，厉老师又向学生推荐了美国作家丽莎·普兰特的短文《幸福是什么》。

幸福是什么？在我看来，幸福来源于"简单生活"。文明只是外在的依托，成功、财富只是外在的荣光，真正的幸福来自于发现真实独特的自我，保持心灵的宁静……

我们总是把拥有物质的多少、外表形象的好坏看得过于重要，用金钱、精力和时间换取一种有目共睹的优越生活，却没有察觉自己的内心在一天天枯萎。事实上，只有真实的自我才能让人真正地容光焕发，当你只为内在的自己而活，并不在乎外在的虚荣时，幸福感才会润泽你干枯的心灵，就如同雨露滋润干涸的土地。

> 我们需求的越少，得到的自由就越多。正如梭罗所说："大多数豪华的生活以及许多所谓的舒适的生活，不仅不是必不可少的，反而是人类进步的障碍。对于豪华和舒适，有识之士更愿过比穷人还要简单和粗陋的生活。"简朴、单纯的生活有利于清除物质与生命本质之间的樊篱。为了认清它，我们必须从清除嘈杂声和琐事开始，认清我们生活中出现的一切，哪些是我们必须拥有的，哪些是必须丢弃的。

这两篇立意高远、意味隽永的散文诗在学生的心中泛起阵阵涟漪。

 点　评

多年前，曾有记者问几位中学生，有谁崇拜雷锋、刘胡兰、张海迪，他们都摇头。记者又问，爱因斯坦、居里夫人呢？其中的一个中学生毫不迟疑地说："他们太累了，我们学不了。"升学，考大学，找个好工作，能赚大钱，能享受生活……成了许多青少年的"远大"而唯一的理想。怎么办？点燃学生的激情，让梦想重新萌芽、发展、壮大，让伟大的志向为青少年的心灵插上腾飞的翅膀。

对青少年进行理想教育，引导他们正确看待物质与精神，已经成为班主任工作的重要内容。这项任务是艰巨的，我们要像厉老师那样开动脑筋，借助文学作品的魅力多开展为青少年喜闻乐见的教育活动。

>>> 39. 课堂上响起手机铃声

情景故事

"这周自习课上，有几个同学在玩手机。甚至在老师上课时，也能偶尔听到手机铃声。""某某同学经常在自习课上玩手机游戏，不做作业，不学习。""某某同学下课就拿出自己的手机炫耀，还经常用手机与网友聊天……"以上内容是马老师从学生的周记本中看到的。

马老师马上意识到学生中存在的手机使用问题已经严重影响到课堂秩序和学习风气、班级风气了。果然，物理课一下课，老师就来"送礼"了——从课堂上"缴获"了肇事手机。手机很漂亮，估计要上千元。

这 样 做

山东省淄博市周村区北郊中学的马卫东老师，面对愈演愈烈的学生使用手机引发的问题，心想：怎么办？把学生叫来批一顿，然后在班里下达禁用手机令？可是转念一想，对初中三年级的学生来说，这样做显然不妥，弄不好会引起学生对抗，这个年龄的孩子逆反心理强，更不能听之任之，必须找一个稳妥的办法处理。

于是，马老师召开了班委会，全面了解"手机事件"的来龙去脉，然后决定利用周二班会的时间召开一次主题班会，让全体学生共同参与讨论手机问题，由班长主持。马老师事先把主题班会的内容通报给全班学生，让他们做好发言准备。

在自由发言过程中，学生们畅所欲言："老师可以有手机，学生为什么不可以有手机？""手机是我们的合法财产，老师无权没收。""上课时，有的老师的手机也响，为什么不管？""学生使用手机容易助长攀比心理，增加家长的负担。""在课堂上应该严禁使用手机，老师也要遵守。""我们周一到周五住校，有自己的手机可以方便与家长联系。""学校有公共电话，完全可以用它与家长联系，有手机的同学大多是用来听音乐、玩游戏、发短信，甚至是上网聊天。""有的同学在宿舍晚上熄灯后还玩手机听音乐，影响大家休息。""有同学借用别人的手机长时间通话，也没什么要紧的事情。借给他吧，话费多；不借吧，得罪人，还不如不拿来。""带手机来容易分神，还要时常担心丢失，增加精神负担。我们应该以学习为重，不应玩物丧志。"……

经过讨论，利弊已明。马老师因势利导，与大家共同约法三章：（1）家庭条件允许的学生可以有自己的手机，但不应该攀比。其他学习用品和个人物品也是如此。急需与家长联系时提倡使用公共电话或者老师的手机。（2）不得在教室内使用手机，尤其是课堂上，否则由班主任代管，由家长领回手机。（3）在校园和宿舍内可以使用手机，但不能影响学习和他人休息，否则由班主任代管，由家长领回手机。

"最后我加一条：教师也不应该在课堂上使用手机，否则要向全体同学道歉。这条由我向其他任课教师转达。你们看如何？"马老师补充道。

"好！""Very Good！"学生一阵欢呼过后。马老师趁热打铁说："那我们就把手机使用规则写下来贴在教室内，共同遵守，互相监督。"

下课后，那位在课堂上使用手机的学生惭愧地来到办公室。马老师把手机递给他，说："先前没制订手机规则，不知者无罪。不过，以后我们可要严格遵守我们共同的约定哟！"

从那以后，班里的手机再也没惹是生非过。

 点　评

教师要最大限度地理解、尊重、宽容和善待学生，唯有这样才能建立民主平等的师生关系。马老师对那位在课堂上使用手机的学生，没有批评，体现了教师对学生的尊重和宽容。手机问题处理不好，不正确的舆论和风气会蔓延。马老师利用主题班会的形式，发动大家讨论，利用舆论的力量纠正不良的做法和风气，比教师一味地强制性规定效果更佳。尤其值得一提的是，规则中强调教师也要遵守，体现了教师对学生的尊重和师生关系的平等。

还需注意的是，时代在进步，学生在变化，很多新兴的事物开始涌进校园，因此，班主任的思想也要与时俱进，工作方法也要不断更新。

>>> **40. 一张废纸带来一次心灵的涤荡**

情景故事

随着上课铃声响起，陆老师兴冲冲地走进教室准备上课，突然看见门口的地上有一张废纸，煞是醒目。陆老师扫视了一下孩子们，然后紧盯着那张纸。孩子们也随着陆老师的目光看去。几个机灵的孩子立刻明白了老师的意图，冲上来争着捡。"别捡，废纸在说话呢。听，它在批评我们丢失了一次主动捡起它的机会。我们把这个机会让给还未走进教室的同学，看看谁最有公德心，谁的行为最文明……嘘，有人进来了。"说完后，陆老师立刻示意孩子们装作若无其事地做课前准备。有两位男孩说笑着走进教室，看见陆老师后迅速回到座位上，莫名其妙地东张西望；又有两位女孩一前一后从那张废纸上从容地跨了过去，见陆老师望着她们，慌慌张张跑回了座位。

一个没看见，又一个没看见……有的孩子再也坐不住了，向不断走进来的同学努嘴、做手势，遗憾的是，这些同学都没有心领神会。进来了一个，又进来了一个……孩子们的表情丰富极了，有急得满脸通红的，有失望得直摇头的，还有在那事不关己窃窃偷笑的……

就在大家绝望之际，一个平时不惹人注意的女孩——欣媛同学走了进来，弯下腰捡起了那张废纸。骤然间，教室里响起一阵热烈而又持久的掌声，那是陆老师和孩子们给这位同学送去的最真诚的赞美。

面对此情此景，班主任应该如何借这张废纸进行教育？

这样做

针对这件事，广西壮族自治区柳州市公园路小学的陆小红老师组织孩子们进行了讨论。在接下来的交流中，陆老师听到了孩子们的反思："废纸在批评我们，爱护环境卫生的孩子才是好孩子。""废纸在表扬欣媛，说她的行为很美。""废纸告诉我们，校园是我们的家，我们都要爱护它。"……看到了这件事带给他们的震撼，陆老师语重心长地对他们说："心中有集体，心中有他人，不在于做轰轰烈烈的事，有时只在于捡起一张小小的废纸，我们每个人都能做到，是吧？"

在随后几周的班队会中，陆老师以此为契机，设计和组织了一系列教育活动：（1）事例分析：校园门口的垃圾，我该捡吗？（2）三言两语演讲赛："心中有集体，心中有他人。"（3）小小辩论赛："好成绩与行为美，谁重要？"（4）主题班会："大手牵小手，规范齐遵守。"

为调动学生的积极性，班内还评出了"最高境界奖"、"最好感悟奖"等奖项。

学生在活动中受到感染和启发，有学生在周记中写道："讲究卫生、爱护环境是美丽的，乱扔垃圾、没有公德心是丑陋的。""今天我捡起了一张废纸，老师告诉我，我捡起的是一颗很美的心。""我要以实际行动来证明：我的心中有集体，我的心中有他人。""我要告诉我的爸爸妈妈、爷爷奶奶，我们每个人都要讲文明。"

讲文明、讲卫生在班里蔚然成风。

陆老师反思道："一张废纸，给我的学生带来了一次灵魂的洗礼，给我的班主任工作带来了一个良好的教育契机。我深刻体会到，善于抓住身边不起眼的小事，创造条件恰如其分地利用它们来激发学生，为学生的心灵架起沟通的桥梁，这就是做好班主任工作的良策啊！"

 点 评

第斯多惠说，一个坏的教师奉送真理，一个好的教师则教人发现真理。一张废纸，本可以弯腰随手捡起，可先走进教室的孩子们没捡，陆老师以此为契机，让先走进教室的孩子当观众，后走进教室的孩子接受考验。这样的考验或许就是一次深刻的教育。教育虽然提倡无痕，但教育也应该随时创设情境。陆老师就拿一张小废纸，做了一篇大文章，无声地教会了学生发现自己的不足，让每个孩子都接受了一次心灵的涤荡。

陆老师的这次教育活动至少给我们这样几点启发：（1）教育无小事，只要教师善于观察、善于发现、善于创造，教育的契机就随处可见；（2）打磨美好的心灵可以从捡起一张废纸开始，提升教育品位应该从细节做起；（3）与其批评学生，还不如告诉学生，身边有美好的心灵存在，而那些美好的心灵，便是学习的榜样。

>>> **41. 教室变成了垃圾"山"**

⏱ **情景故事**

"丁零零……"上午第三节课上课了，伴着清脆的铃声，迈着轻盈的步子，徐老师春风满面地来到所任教的四年级二班准备上课，这节课徐老师将带领学生在课堂上欣赏颐和园。课前徐老师做了精心准备，多方查找资料，设计了精美的课件，只等着上课时和学生一起去领略颐和园那优美的湖光山色、精致的亭台楼阁、葱郁的树丛、朱红的宫墙……徐老师信心十足，憧憬着、盼望着，将要带给孩子们无限的惊奇与遐想。

然而，徐老师一跨进教室，眼前却是这样一幕：教室里烟尘纷飞；讲台前、过道里，果皮、纸屑"东张西望"；卫生角笤帚横七竖八，垃圾桶里装得犹如"山"。仅仅两节课加一个课间操的时间，原本还算干净的教室就面目全非了。

徐老师叹了口气，该怎么办呢？

📖 **这样做**

重庆市涪陵区百胜镇河岸完全小学校的徐成华老师，面对垃圾"山"一样的教室，她想：是继续上课呢，还是借此教育孩子们养成良好的卫生习惯呢？稍加思索后，她决定调整教学计划，临时把语文课改成班会课。

徐老师看了看全班学生，说："同学们，我给大家讲一个故事吧。有人做过这样一个实验：把两辆外形完全相同的汽车停放在相同的环境里。其中一辆车的引擎盖和车窗都是打开的，另一辆则封闭如常。打开的那辆汽车在三天内就被人破坏得面目全非，而另一辆汽车却完好无损。这时候，实验人员在完好无损的那辆车的窗户上打了一个洞，仅仅一天工夫，车上所有的窗户都被人打破了，内部的东西也全部丢失了。"

故事讲完了，徐老师请同学们分析原因。有的同学说："当人们看到车是坏的，觉得反正是坏的，再破坏一点也没什么。"有的说："美好的东西大家都爱惜。"徐老师说："是啊，这就是著名的'破窗理论'。"徐老师转身在黑板上写上"破窗理论"四个字，接着说："这个理论也可以运用在我们班的环境卫生上。你看，本来我们班是干净、整洁的，可是后来有人在地上扔了一张废纸，又有人在教室里打闹，然后教室原本美好的环境就被破坏了。教室里的卫生可不是件小事，它可是我们文明习惯养成情况的'晴雨表'。你们知道吗？一个班级学生的文明素质如何，不需要做过多的了解，只需要观察他们教室的卫生情况就可以了。这样吧，我们的教室我们做主！怎样保持教室里的卫生？这节课，我们就来讨论讨论吧！"

　　接下来，徐老师把发言权交给了孩子们，让他们分组充分讨论。经过认真、热烈的讨论，学生们对教室环境卫生问题达成几点共识：第一，值日生每天主动值日，保持教室清洁。第二，每人准备一个垃圾袋，将自己的垃圾装在里面，放学后扔到垃圾池里。第三，进校前先在校外将脚上的泥土擦掉，尽量不将泥土带进教室。第四，不在教室里打闹。有两个组的学生还编了两个爱护环境的顺口溜，分别是："好学生爱卫生，果皮纸屑不乱扔。""管住口，管住手，美好环境跟我走。"徐老师觉得很不错，当即决定用毛笔写成条幅，装裱后挂在教室里，时刻提醒大家。也许是学生们自己制订的条约更容易遵守吧，接下来的几天里，班里的卫生状况有了很大的转变。

　　学生逐渐养成了自己处理垃圾的习惯，教室里比以前清爽多了。

 点　评

　　"借我借我一双慧眼吧，让我把这纷扰看得清清楚楚、明明白白、真真切切。"这歌词真美！其实，有多少人有一双慧眼呢？红尘中生活的人，很容易被灰尘蒙住眼睛。别人可以眼睛不清亮、心灵不澄澈，但是班主任不能！因为，班主任是学生前行的领路人、指导者、合作者。如果这样的人都少了一双慧眼，看不见学生的优缺点，那么，我们的教育就非常可怕了。徐老师将语文课临时改成班会课，强调了"爱清洁"的重要性，并非小题大做。有句俗话说"磨刀不误砍柴工"，学生的思想都没端正，老师的课就是讲得再好，也只是低效。

班主任要想把一个班级管理得井井有条的确不是一件易事，需要耐心、细心和恒心。作为班主任要拥有一双慧眼，善于观察，善于抓住稍纵即逝的教育契机，及时地对学生进行教育引导，发挥指导者、促进者的作用。愿我们都拥有一双这样的慧眼！

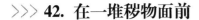

>>> **42. 在一堆秽物面前**

🕐 **情景故事**

这天，陈老师刚走进教室，就听见孩子们掩鼻而呼："可欣呕了！可欣呕了！"

陈老师闻见一股呕吐物的异味，看见教室北侧过道上有摊呕吐物，周围的几个学生避到其他座位上。

教室里一片乱哄哄。

📖 **这 样 做**

这原本是节语文课，江苏省连云港市灌南县新安镇中心小学的陈庆柏老师看见学生个个蹙眉锁额的样子，当即决定改变教学计划。

第一步，陈老师询问学生："可欣同学病了，有人报告老师或者带她去校医室了吗？"在得知小雪同学已经陪可欣同学去了校医室后，陈老师放心了。

第二步，陈老师做了个简单的小调查："同学们生病时，呕吐过的请举手？"班里三十多名学生举手。"是谁帮助我们处理呕吐物的呢？"学生的答案中，妈妈最多，其次是爸爸，自己处理的极少。

陈老师针对这个结果，对学生们说："其实，生活中我们都可能遇到这种情况，将来年老的父母生病了会呕吐，自己的孩子生病了会呕吐，我们总得学会面对，不能总是逃避责任呀！"

第三步，陈老师开始具体操作，处理秽物。

陈老师在黑板上以画图的方式，说明了怎样处理秽物："先用铁簸箕端来一些干沙子或干土，然后把秽物盖上；再用铁簸箕贴地面前后来回铲动，直至秽物被干沙子或干土混合覆盖；再把秽物铲进铁簸箕里，用扫帚清扫一下；最后用拖把将地面拖干净就好了。"

讲完，陈老师问："谁到沙坑取些干沙子来?"三十多人举手，陈老师派小宇去了。

陈老师继续问："谁能把沙子撒在上面并铲除秽物呢?"只有思琪一个人举手。只见她扭捏地端着沙子，走到跟前，半扭着头，把沙子倒下，但只盖住了半摊秽物，就迅速地退了回去。

这时，陈老师亲自出马，并让学生好好看着。陈老师三下五除二，秽物就被处理完毕了。

陈老师又把地面清扫干净，教室里又恢复了宁静。

 点 评

这类事时有发生，一般班主任唯恐耽误了上课时间，因此采取的处理方式很简单：或者指派学生处理，或者亲自动手清理干净。其实，这何尝不是开展教育的契机呢！对当今青少年来讲，让他们处理秽物本身就是难题，但越是难题越饱含教育内容。

案例中的陈老师不是简单处理了事，而是借此契机做文章。

陈老师的这三步做得很好。第一步，关注当事人的身体情况。遇到这类事，教师不要慌张，一定要先了解生病的学生是否得到了及时的救治。第二步，由彼及此，引到每个学生身上，让学生们感同身受。特别值得称道的是，陈老师说："其实，生活中我们都可能遇到这种情况，将来年老的父母生病了会呕吐，自己的孩子生病了会呕吐，我们总得学会面对，不能总是逃避责任呀!"很自然地将问题提升到思想高度，引到学生将来要敢于、勇于承担责任上来。第三步，当学生处理秽物出现问题时，陈老师亲自动手，做了示范。

这个案例给我们的主要启示是，第一，教师要善于抓住契机教育学生；第二，不要只重视教学，更要重视教育；不仅要重视教育的开端，更要重视教育的过程与结果。

>>> 43. 支离破碎的课桌在哭泣

情景故事

一天，上课铃响后，魏老师走进教室，转身在黑板上板书课题时，突然听到"轰隆"一声，紧接着又听到几声喊叫："王格的课桌倒了！""都怪王格！他把课桌腿踢掉了也不赔。"……魏老师不由得联想到教室里的公物近来被损坏了许多的情况。有的课桌抽屉挡板坏了，有的桌面被掀下来写上了"某某之位"、"某某之墓"、"屠龙刀"等，成了学生戏耍时的玩具，有的桌面上扎满了针眼，有的凳子少了两条腿，有时教室的地面上到处都是粉笔头，上课擦黑板找不到黑板擦……

平时，魏老师没少进行爱护公物的教育，可是作用不大。怎么办呢？

这 样 做

"哎哟！摔死我啦！"几个平时调皮的学生叫了起来，并学着课桌的样子瘫倒在地。"课桌摔得真疼！""课桌可真倒霉！"几个女同学说。江苏省铜山县张集镇吴邵小学的魏春华老师灵机一动，立即决定：不讲课文，上一节创编故事课。

魏老师对全班学生说："同学们，刚才的一幕大家都看见了吧。如果这课桌是你，是一个会说话的人，他此时会说些什么，会想些什么呢？你们肯定有许多话要说，今天上一节创编故事课，下面请同学们拿起笔写下心中的想法吧。"

刚才还闹哄哄的教室，顷刻间变得鸦雀无声了。学生们都埋头写了起来。20 分钟以后，学生们陆续写好了。

"谁能把作品读给大家听？"学生们争先恐后地举起手来。王格也不好意思地举起了手。魏老师点名叫他先读。

王格红着脸读了起来："哎哟，摔死我啦！我是一张屡建战功的课桌，可是我老了，胳膊腿都不牢固了，轻轻一摇，我全身都会跟着晃动起来。小主人却认为我这样很好玩，天天趴在我身上摇啊摇，有时我疼痛难忍发出呻吟之声，小主人不但没有停止摇动，反而更加起劲。有时觉得光自己摇不够过瘾，还喊别的同学一起来摇……今天我终于支撑不住倒下了……""看着倒下的课桌，我很后悔。我不该这样做呀！是我害了课桌。老师，我错了。课桌，我向你赔礼道歉。我要带你到医院去治疗，我一定要把你医治好……"同学们听了，都默不作声。

一个学生站起来读道："我是一张倒霉的课桌。小主人经常虐待我，高兴时在我身上又是拍又是砸又是踩，你看我的脸已是伤痕累累了。原来我的脸光滑得像一面镜子，可是自从小主人学习了《早》这篇课文后，他们就纷纷在我脸上刻上'早'字，你们数一数我脸上有多少个'早'字了？……"

另一个同学站起来读道："课桌大哥，我对不起你，我不该在你脸上扎针，看到你脸上无数个针眼，我感到自己太无情了。你每天不怕累，支撑着我们学习、休息，可是我却与同学在你脸上比赛扎针……"

还有一个同学站起来读道："假如我是五年级二班的课桌，我将号召所有的兄弟姐妹集体出走，罢他们的课，让他们受到应得的惩罚，让他们好好反省一下。我们不再为他们服务了，我们要去寻找能够爱护我们的好主人，好好地为他们服务。"

……

学生们写的内容没有一个是重复的，他们在反省自己的行为，他们在责备自己的过失。

这节课后，学生们变得懂事了，魏老师再也没有听到课桌椅被砸的声音，再也没有看到学生在课桌上扎针。

点 评

学生或者是不拘小节，或者是喜欢打闹，课桌椅被损坏的现象屡见不鲜。不少班主任为此或者大发雷霆，或者制定赔偿制度，但是公物还是不断被损坏，这是个令班主任头痛的小事。可以说，蓄意而为损坏公物的学生很少，但不管动机如何，这种行为都会影响班风，破坏班级平静的气氛。怎么才能从根本上解决这个困扰班主任、影响班主任情绪的问题呢？这个案例给我们提供了范本。

王格的课桌倒了，班里闹哄哄的。这时魏老师随机应变，变语文课为创编故事课。这是借鉴之一。

在创编故事课上，让学生用拟人的手法写文章，然后让学生在课堂上宣读作文，让他们反省自己的行为，责备自己的过失。让学生做思想教育的主人公，这是借鉴之二。

>>> **44. 课堂上响起呼噜声**

盛夏的一天，午休后的第一节课，邵老师把需要讲的问题讲完了，让学生预习下一节课的内容——展开想象写作文。本来就死气沉沉的课堂更加寂静了。

突然，教室里呼噜声骤起，一下子吸引了学生的目光。原来是班上的"小胖墩"王逸飞趴在课桌上大睡。同学们的笑声丝毫没有惊动他，时高时低的呼噜声在教室里回荡。

邵老师会怎么办呢？

这样做

同桌想叫醒王逸飞，山东省莒南县团林中学的邵明法老师连忙用目光制止了，对学生说："王逸飞同学上课睡觉是对是错，我们姑且不论。我纳闷的是，他怎么能睡得那么香甜呢？我想，他上课睡觉的背后一定会有一个精彩的故事，同学们想听一听这个故事吗？"

"想听！"学生们异口同声地回答。

"其实，这个故事的创作者就是同学们自己。我想请同学们想象一下，王逸飞同学上课睡觉背后的原因是什么？我们要比一比，看谁的想象力最丰富，构思的故事最动人。好，请同学们在笔记本上写下你们想象的故事。"

学生们一下子来了兴致，个个摩拳擦掌，在作文本上奋笔疾书。原本懒洋洋的学生一下子忙了起来。

刹那间，王逸飞同学的呼噜声成了世上最美的音乐。同学们个个侧耳倾听，都想从呼噜声中寻找自己的写作灵感，想让这呼噜声成为点燃自己创新思维的火花。

　　20 分钟后，就有一些同学举手想展示自己的佳作了，邵老师点名，学生一一站起来朗读想象作文。

　　李小凡读起来："昨天晚上，王逸飞晚修后回到家门口，一阵呻吟声让他停住了脚步，仔细听，声音是从隔壁发出的。'莫非独居的李大爷……'，呻吟声越来越大，他听得也越来越真切，不错！就是隔壁的李大爷！王逸飞使了一招'鲤鱼跳龙门'，到了李大爷的房中，一看，李大爷大汗淋漓，痛苦不堪。王逸飞二话没说，背起李大爷飞奔至医院，陪了一个通宵……"

　　陶敏读起来："数学老师说，今天上午要进行第二章的测试。王逸飞同学昨晚一回到家，就一头钻进自己的卧室，先是做《单元模拟测试题》，然后是做《三点一测》《基础训练》，再后是做《同步练习》……他总共做了 6 本书，230 道题。做完后，一看表，已是凌晨 5 点。他一想：5 点半要去赶早操，干脆不睡了……"

　　韩文也读了："他晚上上网打游戏，遇上了一个高手，双方大战三百回合，不分胜负。结果，他一气之下，与对方约定：不到天明不罢休……"

　　丰富的想象，动人的情节，精彩的朗读，妙趣横生！

　　下课铃声响了，王逸飞也抬起了头，他睡眼惺忪、莫名其妙地看看同学们一张张兴奋的脸。邵老师对他说："谢谢你的这一觉！等到课外活动时，我再为你补上这一课。"

点评

　　邵老师把让人恼火的一件事——学生上课睡觉，进行了幽默处理，利用学生的才智对这种现象进行了淋漓尽致而又饱含幽默的批评。这样的课上得巧、上得妙！我们的工作也需要幽默。

　　"幽默是一杯清茶，滋润你的心田；幽默是一块奶糖，让你备感甜蜜；幽默是一阵清风，让你展开笑颜；幽默是一抹阳光，为生活增色添彩；幽默是一场演出，彰显你的魅力；幽默是一种力量，让你绝处逢生。"的确，生活中不能没有幽默，就像炒菜不能没有食盐，偶尔一顿没有不要紧，一直匮乏将难以忍受。班主任工作也需要幽默。苏霍姆林斯基语重心长地告诫说："如果教师缺乏幽默感，就会筑起一道师生互不理解的高墙。"

>>> 45. 三个班干部要撂挑子

 情景故事

这天，戚老师一进办公室，一眼看见办公桌上放着三封信。打开一看，一封是班长的辞职信，另两封是纪律委员的辞职信。信中说，他们辞职是因为同学们太难管了。这段时间，班里的纪律不大好，昨天还被少先队大队部公开批评。看来，他们的自尊心受到了伤害，对自己的工作能力也丧失了信心。

戚老师想，现在当务之急是帮助他们重塑自信。

这样做

河南省信阳市光山县白雀园镇第一完全小学的戚国栋老师决定分三步走。

第一步，缓兵之计，稳定情绪。

戚老师把三人请到办公室，首先，充分肯定了他们的工作成绩，对他们的辞职也表示理解，但是，明确表示——不支持，因为遇到困难就退缩不是好汉。其次，分析了班级现状，让他们明白一时之间难以找到合适人选。如果一定要辞职，老师也同意，但必须等找到合适的"接班人"才能辞职。他们同意了，并约定以一个星期为限。最后，戚老师请他们珍惜这最后一个星期，让这最后一周的班干部经历成为他们最美好的回忆。

三人又充满信心地回到班级"赴任"去了。

第二步，趁热打铁，坚定信心。

戚老师马上与任课老师调了课。上课了，戚老师在简要地公布了班长和两位纪律委员辞职的消息后，组织全班同学回忆他们三位为班级所付出的努力与辛劳。在同学们深情的讲述回忆过程中，他们的脸上渐渐泛起红

晕。戚老师想，这时他们的心里一定是热烘烘的，于是趁机让他们也回忆了全班同学带给他们的感动和幸福，整个教室充满了浓浓的情意。

戚老师接着说："同学们，听了你们的发言，看到你们能相互理解，老师特别高兴。班干部是为我们这个大家庭服务的。在他们为我们服务的最后一周里，大家打算怎么做呢？"同学们表明决心后，戚老师把三人请上台，又让他们谈了想法。

第三步，赠送卡片，真情挽留。

戚老师背着要辞职的三位班干部，布置学生制作了一些卡片，让他们在卡片上写下鼓励三个人的话，名为"感谢卡"。

因为商定是最后一周，所以大家都很珍惜，班长几乎每天都是第一个到校，最后一个回家。两位纪律委员遇到不遵守纪律的同学，也不像过去那样大喊大叫，而是把同学叫到一边，耐心地做工作。班里的纪律情况大大好转，还获得了"流动红旗"。

周五开班会时，戚老师请班长把"流动红旗"挂好，并让他发表获奖感言。班长只说了一句："'流动红旗'是大家共同努力得来的，人人都有功劳，谢谢大家的支持！"全班同学热烈鼓掌，有几个学生还大声喊道："班长的功劳最大！"

戚老师趁机问大家："大家对这周的学习环境满意吗？""满意。""应该感谢谁？""班长和纪律委员。"戚老师又说："那就赶快把'感谢卡'送给他们吧！"一个学生率先拿出"感谢卡"，走到班长面前说道："班长，我们班需要你！只要你留任，以后你说什么，我都听你的！"说完，把"感谢卡"塞到班长手中。"我也听！""我也听！"……同学们纷纷挤到他们面前，他们收到一大堆"感谢卡"。戚老师也拿出自己做的"感谢卡"——一张心形卡片，上面写道："全班需要你们，我们永远支持你们！"并把这张卡片贴在了黑板上，全班同学一遍遍地喊着："全班需要你们，我们永远支持你们！"此时，三位小干部早已泪流满面，辞职自然绝口不提了。

这以后，不仅是他们三位，其他的班干部的工作劲头也更足了，同学们也自觉多了。

点　评

遇到班干部突然辞职的情况，班主任往往会气急败坏，火冒三丈，轻则规劝、批评；重则甚至会说出"没有鸡蛋，也能做出槽子糕"这样不理智的话，闹得师生关系特别紧张。还有的班主任会慌了手脚，班里顿时一片混乱，影响了班级建设。

而这个案例中的戚老师却是不慌不忙、胸有成竹地开展工作，圆满地解决了问题，走出了困境。第一步，缓兵之计，稳定情绪；第二步，趁热打铁，坚定信心；第三步，赠送卡片，真情挽留。戚老师的这个"三步走"非常高明，值得借鉴。这样做，既调动了班干部的积极性，化解了他们心中的郁闷，又教育了全班学生。特别应该学习的是，戚老师在工作中表现出来的温情、亲情，以情动人的情感疏导法。

>>> **46. 痴迷网游的学生步入正轨**

白老师有一群非常特殊的学生，他们网瘾特别大，到了时间，就像毒瘾犯了一样，半夜里都要翻过装有铁丝网的高墙跑出学校去网吧上网。对于这群初三即将毕业的学生，学校不忍心开除他们，给他们下了最后通牒：如若再不改，就劝其回家自省。

新接班的白老师决定，拯救他们！但是，网瘾不是说戒就能戒的，怎么办呢？白老师陷入深思。

📖 这 样 做

经过深思熟虑后，河南省灵宝市第二中学的白杉老师决定采用疏导的方法。

第一步，创建班级网页。周日在家，白老师在常登陆的论坛上建立了个人网页，并取了个温馨的名字："九（11）（12）班之家"。为了激发学生的兴趣，在栏目设置上也下了番功夫，设置了"美文欣赏"、"有一说一"、"和老师说说心里话"等栏目。

第二步，闪亮登场。周一上完课，白老师跟学生们介绍了网站，告知网址，课间与学生们交流，把自己的QQ号告诉给了学生们。有个学生把班里学生们的"QQ号集"交给了白老师。以前的班主任根本不知道学生的QQ号，现在学生能这么信任白老师，白老师很感动。

这周周六下午，白老师再次打开网站，看到论坛栏目下多了许多帖子。到了周日，又增加了一批帖子。白老师认真阅读，并回复。网站热闹异常。

第三步，乘胜前进。第二周周一，白老师公布了统计的发帖数量。因为大家用的都是网名，所以白老师表扬提到的名字，都引来学生发出的阵阵笑声。

评完好文章后，白老师说："以后谁在论坛里发的文章属精华，本周作文可以不写。"同学们掌声雷动。其实，写出的精华帖子不就是作文吗！白老师接着说："要想写出精华文，不厚积薄发是不行的。本周，我要给我们的家园加新栏目。"大家心急地催促："老师，快说！快说！"白老师说："'读书沙龙'栏目。主要是让大家推荐自己读过的好书，说出书的可贵之处。大家可以跟帖发表不同看法，看看谁最博学。"大家欣然同意，都想展示自己优秀的一面。

后来，有的同学申请做版主。白老师公布了版主竞聘上岗制——发帖累计够 10 篇（主题帖），且回帖积极的；或者发帖 5 篇（主题帖），有一篇精华帖的均有机会做版主。再后来，有同学要自创栏目做版主。这样网站的栏目多起来了："成语接龙"、"同题作文擂台赛"、"灌水区"、"晒晒我的精华文"……

渐渐地，网游学生步入正轨，以刘权（化名）为代表的几个网瘾最大的学生都成了班级网页建设的积极分子。后来创办的几个栏目几乎都是由他们策划的。

这一年，白老师班的语文成绩超好，次次年级排名第一，作文方面学生更是硕果累累。

 点　评

《中学生网上生活有滋有味》一文中的调查表明，上网的中学生中有60.7%的人是玩游戏，34.1%的人是找朋友聊天，20.1%的人是关注文艺动态，24.3%的人是发邮件，18.6%的人是选择软件。

白老师疏导患上网瘾学生的方法归根结底是一个"疏"字。白老师深谙教育秘诀，不压抑，不训斥，而是创办班级网页，引导学生发表帖子，写出精华帖子，引导学生把网游的时间和精力转移到学习的正轨上来。

班主任应该像白老师学习，多做疏导的工作，在教育中多用淡化处理的方法。淡化就是在教育青少年时，淡化教育痕迹，善于运用教育机智，把握教育契机，创造德育情境，坚持巧妙疏导，开展生动活泼的、为当代青少年所喜闻乐见的活动。在进行教育时，克服成人化、口号化、报告式、运动式的方法，努力做到潜移默化，还要淡化教育者的形象，给受教育者以更多的尊重、信任、平等与期待，要像受教育者那样地感知、体验和思索，要采用以情感人、以理服人、循循善诱的教育方法，真正地走近受教育者，沟通思想感情，抛弃以教育者自居的教育意识与教育心态。

>>> 47. 学生起立姿势不规范

情景故事

初一年级有个班级，因学生从不同的小学毕业，习惯有所不同。刚开始上课，老师进教室，学生起立时姿势不规范，很不整齐。这天，班主任刘老师刚走上讲台，学生们又懒洋洋地站起来，然后陆陆续续喊道："老师好！"

面对这样的情景，班主任应该怎么做？

这样做

河北省保定市南市区五尧中学的王伦老师是这样做的。

他对学生说了一席话："对同学们来讲，老师每天向大家传授知识，同学们是坐着听，老师是站着讲。为表达对老师的尊敬和感激，大家在老师进教室时起立，是对老师表示欢迎，说声'老师好'是对老师的问候，这一点大家理解得很对。"

"要上课了，同学们起立问好还有一个更重要的意义，那就是向老师展示自己的精神面貌。大家想，如果老师一进教室，大家'唰'的很整齐地起立，等老师走上讲台，大家挺胸抬头，声音洪亮地问声'老师好！'这本身就是在向老师传递一个重要的信息——老师，我们很精神，我们早准备好了，您快讲课吧！我想，这种信息本身对老师就是一种感染，感染他以更加充沛的精神上好这节课。"

王老师停顿了一下，看了看学生，接着说："相反，如果我们起立不整齐，甚至有些同学屁股都没离开凳子，即使站起来了，也是弯腰哈背；喊'老师好'也喊不齐，声音也不洪亮。这样就会传递给老师另一种信息——同学们很累，或者同学们很懒，或者是不想听老师讲课，还可能会有一连串的令人不愉快的信息传递给老师。"

最后，王老师强调："同学们，老师即使情绪再好，也会或多或少受到不良影响，而不良的情绪必然会影响讲课效果。所以我说，起立，向老师问好，意义重大。同学们一定不要轻视这个环节。"

听了王老师的这番话，一些同学跃跃欲试，大家都要求再试试。王老师走出教室，再推门进来，刚登上讲台，只听"唰"的一声，学生们齐刷刷地站了起来。等王老师站到讲台中间时，洪亮而整齐的"老师好"响起。只见每个学生都腰杆倍儿直，眼睛倍儿亮，精神抖擞。

自此以后，每天上课，这个班的学生们起立和问好的表现都非常棒。

☕ 点 评

上课，学生起立向老师问好，这是个微乎其微的小事，而王老师却将小事做成了大文章。先给学生将起立问好的内涵进行了彻底的阐释，让学生明白其中的道理，引起高度重视。对这类小事，许多老师不以为意，不屑于给学生讲解小事的意义，也不屑于给学生提出在这类小事上的行为规范；或者轻描淡写，三言两语，蜻蜓点水。于是，学生在这类小事上更加不拘小节，这势必影响到班风。王老师眼中有小事，胸中有教育。

还应该强调的是，王老师从小事上着眼进行精神层面的教育。

班主任是学生的主要精神关怀者，什么是精神关怀——主要是关怀学生的心理生活、道德情操、审美情趣等方面及其成长与发展，即关怀他们的精神生活质量和精神成长，关怀他们当下的精神生活状况和他们未来的精神发展。班主任精神关怀的内涵，从纵向上讲，包含着对学生的现实关怀和终极关怀两个维度；从横向上讲，体现在生命关怀和人文关怀两个方面。班主任不能只见事情，不见精神。

>>> 48. 把"腾云驾雾"的学生引到"地面"上来

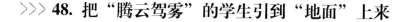

情景故事

许老师这年接手了一个高中班，由各校 43 个中考佼佼者组成。这些学生在自信中透露出傲慢和些许冷漠，对班主任也投去不信任的目光。到校的第一天，他们就挑剔声不断：学校太小、食堂光线太暗、宿舍用水自费、老师的普通话不标准……

许老师看到这些学生身上的问题——自私、傲气、不关心集体……决心唤起他们的"集体意识"，把这些"腾云驾雾"的学生引到"地面"上来，让他们脚踏实地正确评价和认识自己。

这样做

重庆市第六十六中学的许方林老师决定从"收心"和"凝聚力"入手，把 43 颗心收到一起，增强凝聚力。

在开学第三天，许老师组织全班学生在操场开展了一个以团队活动为中心的主题班会。其中的重点活动是"盲人方阵"，让 43 个学生戴上眼罩，在 40 分钟内，把一根绳子拉成一个尽可能大的正方形。

戴上眼罩的那一刻，43 个学生瞬间成了"盲人"，从好奇、嬉闹到认真讨论如何在蒙住眼睛的情况下找到散落的绳子，又如何把绳子拉成一个尽可能大的正方形。几分钟后，争论声越来越大，每个人都争先恐后甚至不惜打断别人的话来陈述自己的想法，场面十分混乱。10 分钟后，他们找到了绳子并连接在一起。有学生呼吁：大家只有齐心协力才能完成任务。学生们陆续响应，渐渐地，场面有秩序了许多。

在许老师宣布"距离游戏结束还有 10 分钟"之时，队伍已经接近正方形了。但是，学生们由于互不信任，大家纷纷质疑，场面再度陷入混乱……

"时间到!"许老师一声令下,学生们摘下眼罩,揉揉眼睛一看,傻了!这哪里是正方形,连长方形也不是,是一个不伦不类的不规则的多边形!看看沮丧的学生,许老师说:"同学们,这只是游戏。但是即使是游戏,失败了,我想你们也是不甘心的。那么分析一下为什么失败了?它又给我们什么启示?"

万江说:"我们失败的原因在于同学之间缺少凝聚力,尤其是缺少一个领导者,团队的力量没有发挥出来。"文杰说:"为何一个看似简单的游戏却以失败告终,究其原因,在于信任。每个集体都有融合的过程。这之前,由于种种原因,大家还不能互相信任,便造成了游戏过程中人人都想指挥却无人执行的尴尬局面。"冉榆说:"挑战失败了,我很遗憾,而参与之后,我明白了团结、信任是一个团队成功的关键。"……

许老师道出了活动的目的——希望他们理解"集体"的意义。首先,并非任何群体都可以叫作集体,只有那些有领导、有配合、有信任、有能动性的群体才能叫作集体。一个群体需要经过不断的磨合,才能达到集体的水平从而形成集体。这个过程就是集体凝聚力形成的过程。其次,良好的沟通和交流是完成团体目标的重要保障。"盲人方阵"活动中,在蒙上眼睛的情况下共同完成一项任务,团队成员间需要进行有效沟通,在嘈杂的环境中学会倾听团队成员的意见,并让团队成员清楚自己的想法,然后达成统一的意见,这是对我们的语言表达能力和社交能力的极大考验。再次,团队信任是一个集体的灵魂。一个集体凝聚力的高低,取决于成员间的信任度。

一周之后,这个班级面貌焕然一新。学生们不再抱怨学校环境,而是积极融入校园生活中;以前的冷漠不见了,大家的脸上洋溢着愉悦、热情的笑容;周记本上,一句句热爱班级、热爱学校的话语自然地流淌出来。

两周之后,全班学生在新生军训中精诚团结、刻苦训练,获得了"国防素质训练先进排"的荣誉称号。

一个月之后,班级连续四周获得"组织纪律优胜班级"和"清洁卫生优胜班级"的流动红旗。

……

点　评

　　这篇文章以生动的案例诠释了体验式教育的内涵与意义。许老师以"盲人方阵"活动为载体，实施了体验式教育，引导学生在参与过程中经历"感知—体验—交流—整合—分享—应用"等几个环节，在体验中学习，在学习中思考，在思考中改变和提高，实现了教育的初衷，达到了德育的目的。

　　体验式教育是一种全新的培训和教育形式。"体验"的"体"，意为设身处地、亲身经历；"验"，意为察看感受、验证查考。体验具有过程性、亲历性和不可传授性的特点，是充满个性和创造性的过程。"体验式"教育是教育者依据德育目标和未成年人的心理、生理特征以及个体经历创设相关的情境，让未成年人在实际生活中体验、感悟，通过反思体验和体验内化形成个人的道德意识和思想品质，在反复的体验中积淀成自己的思想道德行为。未成年人在各种体验中应该主宰自我、修正自己，在与人交往中、在日常行为中去体验，去感悟，去构建社会与时代所希望他们拥有的集体意识、爱国情怀和民族精神。

>>> 49. 她迷上了魔术师

情景故事

王老师的班里有个叫雨薇的学生，她本来是父母的骄傲、老师的得意门生，可是到了关键的初三下学期却一反常态，上课总是走神，有时甚至连作业也不交。王老师家访后才知道，她迷上了明星魔术师刘谦，每天疯了似的搜集刘谦的资料，刘谦的档案她能够倒背如流。走进她的房间，墙上、床上、桌上到处都是刘谦的海报和贴画。

父母的苦口婆心劝说无济于事，王老师跟她多次谈心，讲"追星"的危害，强调学习的重要性，但是雨薇依然是我行我素，没有丝毫改变。

王老师施行的种种方法失效后，该怎么办呢？

这样做

既然已经实施的种种方法均不见效，江苏省高淳县第三中学的班主任王一红老师决定换个思路。

首先与她的父母商定：让她尝一下痛，不再干预她追星的事情，也不再苦口婆心地劝她学习，而是放任自流。结果，期中考试成绩一公布，一直排在班上前两名的她竟然跌到二十多名！这个惨痛的教训让自尊心极强的她目瞪口呆，泪如雨下。王老师不露声色地观察她的一举一动。

放学后，王老师把雨薇留了下来，平心静气地问她："很难受吗？"雨薇点了点头。"那你就给刘谦写封信吧，告诉他你的苦闷以及你对他的崇拜之情，之后再把这封信抄写10遍，挑出字迹最好的一封寄给他。"听王老师这么一说，她的眼中闪过一道光亮，笑着对王老师说："好主意，谢谢老师！"雨薇回家就忙开了……

第二天放学后，王老师再次登门家访。在询问雨薇写信的情况时，她突然甩出一句："我不干了!"随后，她拿出一摞信纸，抱怨地说："太烦了。我昨天写完后，一边修改一边抄写。可抄了好几遍我都不满意。抄到第五遍时，我有些烦了。但为了让信尽善尽美，我还是咬牙坚持着。抄到第七遍时，我实在坚持不下去了。我觉得烦死了，真没劲!"

看着烦躁的她，王老师露出一丝微笑，故意提高嗓门说道："怎么?这样就放弃了?看来你对刘谦的崇拜之情也经不起考验呀!否则怎么会烦躁呢?如此看来，他只能做你一时的偶像，你不该为了这一时简单的迷恋而荒废学业，对吗?"她沉默不语。看得出，她的内心在激烈地做斗争。

王老师乘胜追击，拿起她写的信说："看看，为什么你写的草稿会这么乱呢?""因为我可以重新抄写呀!""是啊，人生也犹如一张白纸，需要你去写、去画，但是每个人只有一张，谁都没有演练的机会，所以你要百般地珍惜它，精心绘制自己的那份独一无二的生命蓝图!"雨薇陷入了深思……

王老师刚回到家，就接到雨薇的电话："老师，谢谢您!我会调整心态，努力学习，不辜负您的期望!"

接下来的日子，那个求知若渴的雨薇回来了。

 点 评

首先，怎么认识这种现象?

第一，要思考青少年为什么会追星。

追星是一种来势凶猛的社会现象，影响范围很广。追星族喜欢从众，很多青少年为了不被朋友和同学看作"落伍"，身不由己地加入了潮流之中。因为追星的过程被认为是一件时尚又时髦的事情，至于有没有道理、有没有价值，青春期的少年只要有"星"可"追"就够了，顾不上那么多。大部分追星族承认，追星耗费了金钱、浪费了时间，在一定程度上还会影响到自身的健康与正常的学习和生活，有时甚至还会导致自己与父母亲之间的关系紧张。

心理专家认为，很多青少年在父母精心的照顾下，造成无所适从和精神上严重的孤独感和茫然感，非常需要找到一个可以寄托梦想的人。当他们发现梦想在某个人身上实现了，就会义无反顾地去了解他、学习他、渴望做他那样的人。所以，追星对青少年来说，是一种正常的心理需求和行为表现。如果能够更多地采用对话和交流的方式，引导青少年追星的审美趣味，提高其鉴赏能力和文化品位，把追星的热情转化为奋斗的动力，会成为促进其心理成熟和健康发展的一件有意义的事情。

第二，要分析追星族追逐的内容。

大部分追星族为 15—25 岁的青少年。这些追星族崇拜的多是歌星、影星，男星大多相貌英俊、风流潇洒，扮演的是侠肝义胆的英雄好汉；女星多是貌美如花、娇媚可人，扮演的是些善良温柔的玉女淑媛。也有人喜欢球星，因其个个都是英姿勃发，赛场上勇猛无比。这些"星"的形象，使青春期的少男少女们羡慕不已、迷恋痴狂。

第三，要对追星客观地进行分析。

青少年追星有利有弊。心理专家认为，青少年时期特有的心理现象之一是偶像崇拜。一个人把追求成功的心理渴求，通过所崇拜的偶像展示出来，不仅能以"星"的光鲜外形为模仿对象，也能以追求"星"的理想人格品质作为自我奋斗的目标，并将目标转化为对成功的行动和自我激励。青少年喜欢的大都是明星，互相讨论的内容被各类明星充分占据，共同语言多了，交流多了，达到了一定的共识，把学习生活中的郁闷、烦躁宣泄出来，追求更符合自身定位的沟通和交流，有利于获得世界观、价值观和人生观等价值取向的认同。

另外，追星浪潮的出现，也在一定程度上缓解了青少年紧张的生活和学习压力，丰富了他们的课余生活，发展了他们的兴趣爱好。从这一角度上说，追星对广大青少年的身心健康发展是有一定的益处的。但近几年，愈演愈烈的选秀活动，让很多青少年做起了明星梦，粉丝疯狂的刷票行为和非法集资活动，也向人们敲响了警钟。

其次，怎样合理引导这些痴迷追星的学生？

第一，告诉青少年——追星不是生活的全部。

青少年追星要适度，要把握好分寸。崇拜明星不能光看明星的外表。明星是否值得崇拜，不仅要看他是否吸引你的目光，更要看他是否能震撼你的心灵。

不要疯狂追星。追星不应该是青少年生活的全部，也不值得过分夸耀，更不要投入过多的时间和金钱。不要因为对所追的明星着迷而无法专心学习，要善于从自己所崇拜的偶像身上汲取经验，作为鼓舞自己自强不息的动力。

第二，告诉家长——孩子追星，家长不必太害怕。做好家长工作也是引导痴迷追星学生的必不可少的事情。

不必谈"星"色变。偶像的力量是巨大的，无论哪个年代，无论哪个人，生命中总有那么一个或者几个榜样，占据精神世界、引领前进的方向。当你的孩子加入追星族时，既不要谈"星"色变，坚决禁止；也不能听之任之，不管不顾。要指导孩子适度追星，引导孩子理智追星。可以和孩子一起当追星的朋友，缩小代沟，贴近孩子的心灵。与孩子一起讨论那些明星的优点是什么，缺点是什么，明星为什么能成功，或者为什么会失败，应该从明星身上学习什么成功经验，吸取什么失败的教训；还要告诉孩子，明星是人，普通人也是人，每个人都有人生价值和道路，要活得精彩，必须走自己的奋斗之路，在追星过程中不能迷失自我。

引导孩子认识谁是真正该追的"星"。科学家、宇航员……是青少年最应当追的时代明星；雷锋式的助人为乐、见义勇为者，是青少年学习的榜样，也是青少年应追的"星"。

对疯狂追"星"的孩子，家长必须进行指导。当孩子疯狂追"星"的时候，必须教育孩子猛醒回头，不能误入歧途。若孩子把同歌星见面、亲吻、拥抱、照相留念作为人生的最高理想或长期追求的生活目标，必须严格制止。

第三，告诉老师——把明星话题作为沟通的起点。

追星是青少年的权利，老师应当尊重，不能一味地阻止、粗暴地阻挠。作为老师，可以从青少年的视角去发现明星的可爱之处，并以此作为与追星族沟通的起点。要运用老师的智慧，与学生讨论（而不是训导）偶像，帮助青少年学会用批判的态度、批判的眼光去看待心目中的偶像，从而超越自己、超越对方，真正做一个全面发展的人。

>>> **50. 在浸染了烈士鲜血的遗物面前，学生无动于衷**

情景故事

清明时节，学校组织学生参观革命烈士纪念馆。在一件件浸染了烈士鲜血的遗物面前，学生们的表现让人寒心。一个说："这些破烂还挺值钱，想看它们，还要花钱买票。"另一个说："这是假的吧！要是真的，这么多年了，还不长满了虫子。"还有不少学生在嘀咕："都什么年代了，还说这些老掉牙的事情，耳朵都起茧子了……"

传统教育遭遇尴尬，班主任应该怎么办？

这样做

首先，班主任要认识到传统教育遭遇挑战是世界发展的必然，不足为奇。全球化是当今世界不可阻挡的发展趋势。在全球化这柄双刃剑面前，中国的传统文化承受着狂风暴雨般的洗礼。在这场文化较量中，我们这个一向以自己五千年文明历史而自豪的中华民族，必须认真思考中国传统文化在全球化过程中所面临的机遇与挑战，以及复兴中国传统文化的措施等问题，只有这样才能推动社会主义文化大发展、大繁荣。而传统德育是文化的重要组成部分，也必然面临严峻的挑战。

其次，班主任要坚定继承与发扬中华民族传统美德的信心。不能因为当今青少年偶尔产生抵触情绪，传统教育就改弦易辙。班主任要教育青少年明白这样的道理——中华民族的传统美德是中华民族的瑰宝。它是中华民族的骄傲，也是人类发展史上光辉的一页。它凝聚着中华民族成员所认同的共同理想和人格精神，是民族存在和发展的根基，是哺育亿万中华儿女的思想源泉。继承和弘扬中华民族传统美德是我们每一个炎黄子孙的责任。在人类历史上，中华文明之所以能延续不断，生生不息，成为没有发生过断裂的社会文明；中华民族之所以能不断进步、自强不息、自立于世界民族之林，其重要原因之一就是我们中华民族具有一种源远流长、一以贯之并不断丰富发展的伟大民族精神，作为团结统一的文化纽带与精神支柱。而这种民族精神以及它所包含的种种传统美德和高尚品格，都是由众多的中华民族儿女前仆后继地用自己的闪光的思想和行动来塑造和形成的，并在历史的演进中不断得到丰富和发展。班主任要明确这样的道理——当今的青少年是未来的开拓者，但开拓者首先必须是一个优良传统的继承者，没有继承做基础，开拓进取就无从谈起。因此，必须加强对青少年的中华美德教育，让中华美德在青少年心中扎根。

更重要的是活动要巧妙，要有艺术性。例如，针对学生对参观烈士纪念馆流露出的反感情绪，可以不动声色地给学生播放弘扬革命传统、富有教育意义的影视作品或者幻灯片。影视作品和幻灯片是青少年喜闻乐见的文艺形式，让文艺做我们的助手。还应该开展形式多样、寓教于行、寓教于学、寓教于乐的活动，激发学生参与的热情，如结合革命先烈撰写的革命诗歌，组织青少年开展书法比赛、歌曲演唱比赛……

 点　评

年龄稍长的人可能有这样的记忆：一个雷锋的故事能召唤孩子们追求高尚，一本《红岩》能激励孩子们敬仰先烈，一个《收租院》能感动得孩子们泪流满面。多么单纯的孩子！多么质朴的年代！那时候追求真善美成为一种时尚，痛恨假丑恶成为一种风气。在那个年代里，孩子们真的像一张白纸，给他们心中种下什么种子，就开什么样的花。

斗转星移，时光不再。如今，你再动情地对孩子们讲雷锋叔叔的故事，学生会笑你"傻帽"；你说江姐伟大，他们崇拜的却是影星。通常是台上慷慨激昂，台下无动于衷；台上庄严肃穆，台下嘻嘻哈哈。在这些无忧无虑的孩子们面前，我们的教育变成了"笑话"。

传统教育遭遇尴尬！中华民族的优良传统是我们的根，是我们的魂，青少年是中华民族未来的希望。为此，我们必须竭尽全力化解尴尬，变被动为主动，让传统教育重新开花结果。

>>> **51. 毕业考试前夕，班里掀起了签名热**

（）**情景故事**

　　这天，杨老师刚回到办公室，班长就急匆匆地跑来报告："杨老师，同学们又在写签名了，连眼保健操都不做了。"

　　杨老师心头一沉，心想：同窗六年，面临毕业，学生们普遍心浮气躁了，可现在又是关键时刻，怎么办？

这样做

　　江苏省运河高等师范学校附属小学的杨志敏老师想，首先要对学生们进行启发诱导，激发他们的内在动力。这时，年级主任拿来了上次队列比赛班级获奖的奖状，杨老师决定拿奖状做文章。

　　班会课上，杨老师捧着奖状精神抖擞地走进教室，满怀深情地说："同学们，我们班又荣获一项荣誉——年级队列比赛第一名！"教室里响起了热烈的掌声。

　　待掌声平息后，杨老师笑容可掬地问道："你们知道这张奖状是怎样得来的吗？""是我们齐心协力、努力拼搏夺来的！"

　　杨老师追问："你们还记得比赛的情景吗？""赛前，为了保证静立30秒纹丝不动，您带领我们苦练了一个星期！"王雪纯抢先道。"比赛那天，天气热极了。为了集体的荣誉，比赛时，汤寒寒的小黄帽掉了，都没去捡。"班长张森说……

　　听完同学们的精彩发言后，杨老师意味深长地说："是啊！为了这张奖状，我们每个同学都能以集体利益为重，严格遵守纪律，付出了艰辛的劳动。俗话说：'人心齐，泰山移。'事实证明，我们班是个团结的集体，是个优秀的集体。可是，最近班内刮起了一股'签名热'，有些同学'业务繁忙'，甚至连眼保健操都顾不上了。我理解大家的心情，风雨同舟六年，大家结下了深厚的友谊。即将分别，情悠悠，思悠悠，大家签名也情有可原。"杨老师话题一转，又说："但是，我们目前正面临严峻的毕业考试，不能让它干扰我们正常的学习生活，影响集体的荣誉啊！"

这段话，情真意切，不少同学低下了头。

看到同学们的表情，杨老师知道时机成熟，于是朗声宣布："同学们，签名和毕业赠言留待毕业考试过后再写吧！为了让大家过把签名瘾，干脆，我们在这张象征着我们全班齐心协力、努力拼搏精神的奖状上签下我们师生的名字。好不好？"同学们非常高兴，他们没有想到老师会专门安排统一签名，一个个兴奋地签上了自己的名字。

这张奖状金黄色的底面上布满了密密麻麻的名字，杨老师再次高高地举起奖状，激动地高声说："同学们，请永远记住它！要珍惜荣誉，再创辉煌！"

当同学们把这张奖状贴在教室后面墙上时，杨老师心中充满了喜悦，她知道自己的目的达到了。

点 评

毕业考试前夕，班里掀起了签名热。这是司空见惯的事情，而这必然会影响学生学习，怎么处理这件事，其实也是大有文章可做的。杨老师殚精竭虑，采用了巧妙的方法，进行了高明的引导，达到了预期的效果。这从一个侧面启示我们，班主任工作大有可为。

杨老师在处理中采用了三个方法，也即采用三步工作法：第一步，导之以"法"，引导同学们想到班级荣誉这个"法"；第二步，导之以"情"，以情服人、以情动人；第三步，导之以"行"，把同学之间的签名热引到在集体获得的奖状上签名。这三步环环相扣，步步深入。

>>> 52. 一个女生扬言要从教学楼六楼跳下

情景故事

这天下午上课铃即将响起的时候，一所中学的一座教学楼前，人声鼎沸，空气特别紧张。

两三百名学生紧张地盯着教学楼楼顶。这是座六层楼，楼顶有一个女学生站在那里，满面泪水，痛不欲生。楼下，十几位老师在对她劝说，校长急得像热锅上的蚂蚁。空气紧张得像要马上爆炸一般。

秦老师走过这里，一眼就认出这个要轻生的学生是自己班里的，惊出一身汗，仿佛天都要塌下来了。

秦老师怎么做才能化险为夷，力挽狂澜？

这样做

这是个迫在眉睫的大事，容不得半点犹豫、拖延。

秦老师与校长短暂沟通后，立刻采取了行动。

首先，立即疏散教学楼下围观的学生。

等学生散开之后，马上做当事人的思想工作。第一，用温和的亲切的话语稳定这个学生的情绪，让她情绪慢慢平稳。第二，恳切谈话，秦老师说："孩子，父母把你养大需要花费多少心血，难道你就忍心让白发的父母为失去爱女而痛不欲生，在以后的日日夜夜为想念你而涕泪长流吗？……"第三，引导她思考跳楼并不是一了百了的方法，告诉她后果："如果没有摔死，只是摔断了腿，摔断了手臂，下半辈子坐在轮椅上怎么办？"第四，进一步讲死不是解决问题的唯一方法，想想看还有没有更好的方法。今天我们非常在意的事情，或许明天就不值得我们在意了，不要因为今天一时想不开，而影响明天成就自己。

在秦老师理性与感性兼备的劝说下，这个学生放弃了轻生的念头。

 点 评

青少年轻生问题目前已经成为一个日益严重的问题，在"百度"输入"青少年轻生"就会搜到超过 190 万条信息。这是容不得半点疏忽的问题。

轻生的青少年成了世界上最脆弱的苇草。

一旦遇到这类恶性事件，班主任必须冷静沉着，不能乱了阵脚，不能迟疑不决，一定要机智稳重，要当机立断地解决问题。

首先，要立即疏散教学楼下围观的人群，因为群体围观容易产生负面的"集体意识"，强化当事人的冲动行为。其次，稳定学生的情绪，这是重中之重。学生要轻生，是一种情绪极端冲动的表现。一定要用温和的、亲切的话语安抚。再次，展开谈话攻势，语言要打动心灵。谈话的内容可以引导学生想到父母的养育之恩，引导学生面对未来。让学生理性与感性地面对未来，引导学生做出明智的选择。

事情平息后，要做好后续工作，彻底灭掉学生轻生的念头。特别要找出学生轻生的原因，因材施教，引导其健康成长。

面对青少年轻生这样一个严峻的现实，所有从事教育事业的人们以及广大青少年的家长都不能不反思：究竟是什么原因让年轻的生命走向了黑暗的坟墓？我们又做错了什么，以及从今天开始，应该做些什么？

>>> **53. 让人眼花缭乱的"炫"**

情景故事

一天，在语文课上，谢老师朗读了学生余薛洋的一篇习作，内容是关于旅游的，写得扣人心弦、妙趣横生，同学们十分入迷地聆听着。读完文章后，谢老师让同学们讨论，大家热情很高，纷纷发表自己的看法。然而，不知不觉，在几个学生的带动下，讨论的方向变质了。有的夸耀自己去过欢乐谷，有的炫耀自己去过迪斯尼，更有的学生讲起去国外旅游的经历……引来其他同学一阵阵夹杂着羡慕与嫉妒情绪的声音。原本安静的教室一片沸腾。许多同学开始迫不及待地炫耀自己身上能"炫"的东西。只有一小部分优秀而内敛的学生没说什么，余薛洋捧着一本书在读，似乎身旁的一切都与他无关。

面对让人眼花缭乱的"炫"风，谢老师应该怎么去引导学生？

这样做

经验丰富的江苏省如皋师范学校附属小学的谢春风老师是这样做的。

等学生"炫"得尽兴了，谢老师示意学生安静，然后问了三个问题。

第一个问题是问余薛洋的："刚才你为什么没和同学们一起'炫'？"他挠挠头，不好意思地回答："我没有什么值得炫耀的东西，况且，他们刚才说的那些，我觉得没什么可炫耀的呀！"学生们面面相觑，觉得不可思议。

第二个问题是问全班同学的："你们认为什么可以炫耀呢？"同学们又七嘴八舌议论起来，什么手机、车子、存款、别墅等一大串。

第三个问题还是问全班同学的："这些外在的东西，都很容易得到。但是，你们知道吗，越是容易得到的，越容易失去！我还想问问大家，你们认为什么东西不可以拿出来炫耀呢？"片刻寂静后，班长宗泽楷说："一些内在的东西，不能拿来炫耀，比如，知识、美德等。"葛熠接着说："我们写作文是为了表达内心的情感，不能拿来炫耀；同学间的友谊，需要真心、真情去维护，也没有必要拿来炫耀"……

谢老师最后总结说："内在的东西永远不会背离我们而去，比如，我们的知识、修养、气质，等等，这些会伴随我们终生，要靠我们不断努力才能获得，而且这些东西也不需要我们去炫耀。一个人越是炫耀他拥有的东西，他的内心越是匮乏。如果一个人拼命炫耀自己有知识、有修养，那八成是假的。当然，也许刚才我们只是出于习惯而用这样一种方式展示自己，并不是真的想要炫耀什么，因为我们都是自信的孩子，不需要用这样的方法来赢得别人的关注和尊重。"

全班同学陷入了深思。

点　评

青少年"炫"是常见的现象，这一代青少年觉得"炫"是一件事关脸面的大事，可以得到更多人的关注和认可，获得心理上的满足。对这种滋生虚荣心的"炫"风，我们不能掉以轻心，不能一笑了之。今天养成"炫"的习惯，明天会"炫名牌"、"炫车"、"炫房"、"炫权"……就会沦为物质的奴隶、权势的奴仆，迷失了前行的方向。克服虚荣心应该"从娃娃抓起"。

谢老师明察秋毫，从学生的"炫"中思考问题，发现问题，通过种种引导把学生关注的物质追求转向精神建设。谢老师的"三问"很妙，引导学生通过讨论进行思考，而谢老师的概括是对讨论意义的提升。

谢老师最后做总结的一段话，值得借鉴。刚柔兼济，深入浅出，严谨深刻，班主任要学习这种说的功夫。

第四辑　用心接纳每个学生

　　转化特殊学生，第一，要有信心。有信心，才能有智慧，才能有百折不挠的毅力。第二，既然学生特殊，就要采用特殊的方法。

>>> **54. 妈妈向班主任告发女儿是"两面人"**

情景故事

梦雨是一个温柔贤淑、彬彬有礼的女孩子，嗓音甜美、气质非凡，经常被同学们推选到讲台上发言或主持演讲，当之无愧地成为班级的公众人物。她那到位的处事技巧、优雅的举止姿态，让所有的老师、同学都对她赞不绝口。

可是，一个星期一的早晨，升旗之前，梦雨的妈妈躲在角落里向班主任李庆文老师招手，未开言，泪先流，塞给李老师一个信封，说道："李老师，我拜托你了，这孩子，我……"

升旗结束后，李老师迫不及待地打开信，梦雨的母亲在信中说，梦雨回到家后立马翻脸，摔盘打碗、顶撞父母、粗暴野蛮，对父母的教诲充耳不闻、霸道无礼，更不与父母交流。在学习上，她不许家长插一句嘴，否则不依不饶，叛逆到了极点。多少次夜深人静，梦雨仍然无法正常完成作业时，自己奉陪左右小心伺候，耐心熬到凌晨两点还要看女儿的冷脸，听女儿的恶语。多少次梦雨的妈妈躲在厕所里偷偷哭泣，擦干眼泪再次小心翼翼、无微不至地照顾这个"可怕"的女儿，真不知道女儿究竟怎么了。她拜托李老师一定要救救女儿，救救她们全家。

看完信，李老师陷入了深深的思考之中。平时看似乖巧可爱、甜美温柔的小姑娘会如此变脸吗？这岂不是"两面人"的典型表现吗？她为什么有如此巨大的性格反差，应该怎么办？

这 样 做

河南省郑州市第十九中学的李庆文老师针对梦雨的"两面人"典型举止，决定弄个水落石出，为了梦雨和她全家，更为了弥补自己的教育失误。

首先，李老师找到梦雨，不动声色地先让她设计并主持一堂动情感人的班会"幸福的滋味——有妈的孩子像块宝"。从选材到场景布置、音乐烘托，再到孩子家长亲子互动环节的设计都棒极了。梦雨声情并茂的主持煽情，使主题班会达到了高潮。李老师因势利导、借题发挥，最后竟然使每个孩子都泪流满面，大声痛哭，纷纷将自己对父母的不敬的事一股脑托出，表达了深深的忏悔和愧疚之情。

在班会即将结束的时候，李老师拿出那封沉甸甸的书信，读了其中最令人痛心和动容的段落，引导学生审视自己的言行，共同为这个困惑的妈妈找原因、找对策。大家你一言我一语、分析剖解、追根溯源……此时，李老师偷偷地观察一旁的主持人梦雨，她似乎已经对号入座了，头低低地埋在胸前，眼中闪动着晶莹的泪光。

会后，梦雨主动找到李老师。李老师展开书信让她仔细阅读一遍，告诉她母亲的祈求和困惑，并结合班会效果及同学、老师们对她的高度评价和信任，让其从内心受到触动。

此时此刻，她终于敞开心扉，向李老师哭诉她内心的真实感受和"两面人"的根源与苦恼：原来父母过高的期望值、不厌其烦的说教，老师与同学对她的厚爱，加之自己超级要强的自尊心，无形中给自己带来了巨大压力。她深知文化知识水平将直接影响她在班级的威信，而这恰恰又是她的"软肋"。外界、内在的压力、竞争迫使这个单纯的小女生将她的烦恼通通地施加给了父母，用极端的行为去宣泄内心的压抑。现在她真的好后悔，她知道自己的言行已经深深刺痛了她最爱的人。

望着过早成熟、承载着无形压力的单薄小女孩，李老师自责极了，将她紧紧拥入怀抱，任凭她的泪水浸透自己的衣襟。

后来，李老师请来她的父母，让他们彼此进行了深入的沟通，李老师也做了自我检讨。

点 评

我们经常听说某优秀学生突然自杀的案例，有谁知道他们内心的痛苦？阅读此文，我们既为李老师对学生的爱心、耐心和教育智慧叹服，更为她的善于反思喝彩。教师成为家长和学生的知心朋友，岂不快哉？看到学生在自己的帮助下摆脱压力轻松上路，实乃美事！教师的幸福感从哪里来？教师的幸福感就从这一个又一个充满挑战的案例中来，教师的幸福感就从这一个又一个学生如花的笑靥中来。

这个案例告诉我们，成年人过分的呵护、善意的拔高和重用反而会给孩子带来沉重的心理负担，造成性格早熟的"两面人"。我们一定要从深层次的角度思考教育，帮助孩子完善性格。

>>> 55. 学生党员培养对象要做个"坏孩子"

情景故事

这天，贾老师刚上完课回到办公室坐下休息，班长春林推门进来，径直走到贾老师面前说："我想跟您谈谈。"贾老师说："马上就上课了，放学后我们再谈好吗？""不！必须现在谈。"春林语气极其坚决，没有商量的余地。停顿片刻，他鼓足勇气说："贾老师，我要做做'坏孩子'。"贾老师愕然了。

贾老师应该怎么做呢？

这样做

春林是个优秀学生，并且是优秀学生干部，他的学习成绩和品德在学校几乎是有口皆碑的。他竟然要求做"坏孩子"，这肯定事出有因，贾老师心想。于是，贾老师让春林坐下，对他说："说吧，我在听。"

"是这样的，您刚才讲课时，说了一句话，现在我已经很难复述您的原话了，但是我确实是顺着那句话在往下想。想到自己这两年多来活得很累、很压抑。我刚刚在厕所里哭过，刚洗了脸。"说着，眼泪又在他的眼里打转。

贾老师知道现在最重要的是倾听，就没有说话。

沉默一会儿后，他情绪激动地说："我是班长，从小学就是班长。在别人眼里，我就是一个乖孩子、好学生。我父母是普通人，他们盼望我出类拔萃，我也想给他们争气，于是我加倍努力。班长、'三好生'、'市优干'、学生党员培养对象……一个又一个荣誉、一个又一个光环压着我，束缚着我。我无时无刻不提醒自己：你是班长，这事别人可以做，你不可以。十几年了，我一直这样要求着自己。"

说到这里，他又不说了。贾老师顺着他的话说："你现在不是很好吗？工作出色、成绩优秀。"

"假的，是我不得不如此。其实，我也想像一般同学那样上课小睡一会儿，甚至逃半天课；我也想像一般同学那样在篮球场上打球打到大汗淋漓，再到水龙头下冲个'落汤鸡'；我也想像一般同学那样穿着膝盖打着补丁的新牛仔裤，招摇地走过操场；我也想找一个异性知己，一吐自己的苦闷；我还想喝个一醉方休……"

贾老师不去劝导，继续问："那你为什么不去做呢？"

"可我是班长、'三好生'、'市优干'、学生党员培养对象呀！"他又显得烦躁不安起来，"在这样的矛盾中，我的思想总不能集中到学习上来。您没发现我正在危险的边缘上徘徊吗？"

贾老师没有说话，等着他继续说下去。

果然，春林又说下去："我该怎么办？这样下去，高考我就会落榜，那我的形象会怎样？大家会怎么认识我？"

贾老师明白了，春林需要释放——疏导式的释放。贾老师这才开口说道："你能严格自律，说明你在成熟；你羡慕别人的'潇洒'，说明你是一个真实的人；你今天能和老师讲出你的苦闷烦恼，我觉得你自己已经解决一大半问题了。"春林长长地舒了一口气，说："对，我现在的心情好多啦！"

贾老师出人意料地说出这么一段话："你不是感到压抑吗？你不是有那么多憧憬吗？那好，别委屈自己。明天休息，你就做一天'坏孩子'吧！"春林惊讶地望着贾老师说："啊？做'坏孩子'！"

贾老师点点头，肯定地说："对！做一天'坏孩子'。"贾老师知道经过十几年的正面教育，春林绝对不会因为一天的"放纵"而永远放纵下去，"你明天不要看书，不做作业，穿上你最时尚的衣服，可以叫上几个玩伴滑滑旱冰、蹦蹦迪，回家后喝上一杯酒，窝在沙发里看电视、听音乐、欣赏你心目中的明星，甚至可以举起话筒吼上几嗓子。"春林半信半疑地问："您真让我这么做？"

贾老师点点头说："对！"

"那我试试吧。"

一个星期后，春林的父母到校向贾老师表示感谢。因为春林"放纵"自己不到半天便觉得枯燥无味。他又坐回到写字台前，大声对书本喊道："还是你们让我感到踏实。"

很快，一个积极向上、朴实认真的阳光男孩又重新活跃在教室里、操场上了。

点　评

平时，班主任往往把精力和时间放在转化后进生身上，津津乐道的是转化了几个后进生，对优秀生更多的是信任、表扬、激励。其实，这个生动的案例就告诫我们，班主任对优秀生也决不能忽视，对优秀生的心理疏导更不能忽略。

在现实生活中，优秀生在种种荣誉面前，产生了巨大的压力。他们不愿向人倾诉，巨大的心理压力无处释放，这对孩子们的成长无益。

贾老师的做法有许多值得借鉴的地方，特别是，他善于倾听，让优秀生把心里的烦恼倾诉出来，点出他的症结所在，建议他做一天"坏孩子"，这实在是高明之策。优秀生的烦恼压力释放出来了，又会在通往优秀的大道上勇猛前进了。

>>> **56. 他竟然踢了班主任两脚**

情景故事

邱老师刚接了一个班，班里有个叫贾亮的学生，16 岁，满脸的胡须，微黑的脸庞，时尚的打扮，魁梧的身材，一双灵动的眼睛，闪烁着智慧的光芒。但贾亮不爱学习，经常惹是生非，他的生母不断地给他寄钱，他用钱财收拢了一些"小哥们儿"，在学校号称"老大"。班里的学生对他是敢怒不敢言，老师们也不敢管他。

有一次，贾亮上课时故意捣乱，原班主任严厉地批评了他，贾亮竟然踢了班主任两脚，从而导致师生关系僵化，原班主任愤然辞职。

对敢踢班主任两脚的贾亮该怎么处理才好？邱老师陷入了深思。

这样做

山东省泰安市泰山区上高乡凤台中学的邱平超老师想，要转化贾亮，必须彻底了解他。于是，邱老师进行了家访，了解到贾亮满怀"敌意"的根源。贾亮 6 岁时，亲生父母不断闹矛盾、打架。父母相互抄家伙打架的情景，让他相信拳头才是硬道理。父母离异后，亲朋好友都远离他，他觉得大人都不是"好东西"。据他的"小哥们儿"说，贾亮很有"哥们儿义气"，哥们儿中有和他人打架的，怕受父母和老师责难，贾亮总是主动代人受过。时间一久，老师们和家长对他冷眼相看，贾亮自己也就破罐子破摔，又加上继母对他很失望，对他不管不问，贾亮对家庭也失去了依恋之情。

从贾亮干的众多"坏事"中，邱老师感觉到，贾亮虽然是个"刺头"，但内心是善良的。他悟性高，只要注意力集中，就能掌握上课所学的知识，由于没有人和他倾心交谈，也没有人赏识他，他才制造"麻烦事"来引起他人的注意。邱老师坚信只要"春雨"下得及时，就能滋润贾亮冷漠的心。

随后，邱老师主动和贾亮谈心，探询他的理想兴趣。贾亮说，自己想上大学，否则将来会被别人看不起，爱打篮球，崇拜姚明。邱老师非常兴奋，感觉到该生能成为一名好学生。为了鼓起他学习的劲头，先用理想激发他，再利用课余时间亲自辅导他做各科作业。有不会的问题，给他讲解；有遗漏的知识，帮他补充；有些学科，如物理、化学，邱老师不是很熟练，就先向这两科老师请教，再给贾亮讲解（由于其他老师对他有很深的误解，纷纷避让他，在那种环境下，委托科任老师帮忙已不是良策）。星期天，邱老师把贾亮约到自己家里做作业，并利用空余时间和他去商场购物，留他在家里吃饭，让他感受家庭的温暖。经过一段时间的相处，邱老师和贾亮之间已是无话不谈。

当时班级纪律混乱，由于贾亮在班里处于"老大"的地位，为此，邱老师让贾亮担任副班长，维持纪律，并向他传授管理班级的方法，如，要以身作则，善于团结同学，做事要公平、公正。邱老师及时表扬班级纪律的进步，让贾亮有成就感；表扬他知错能改有大家风范，但也不迁就他的缺点。在邱老师的不断表扬下，贾亮的自尊心增强了。

初三上学期，为了发挥学生的特长，邱老师在班里开展了普通话比赛、诗歌朗诵会、故事会、手抄报比赛等活动，同时组建了跳绳小组、乒乓球队、篮球队等，充分利用大课间活动，创造竞争氛围。除了本班举行对抗赛外，还积极参加学校的比赛。邱老师有意发挥贾亮的特长，鼓励他做篮球场上的"姚明"。结果，在比赛中，班级获得篮球比赛冠军、唱歌比赛一等奖、乒乓球比赛一等奖、运动会年级第二名、书法比赛团体一等奖。

所有这些比赛活动，邱老师都听取了贾亮的意见，使贾亮的整个心思都用在班级上，渐渐地领导"小哥们儿"融入了集体。慢慢地，老师和同学们都改变了对他的看法，他也成了班里一名精力充沛、思想活跃的骨干分子。

点 评

　　在无爱或溺爱的土壤里总会滋生出一些营养不良的胚芽，没有营养和营养过剩都不利于胚芽的正常成长。悟性极高的贾亮之所以成为老师眼中的"刺头"，就是因为其长期没有家的感觉，进而造成内心的孤独。这种孤独感在潜意识当中促使他拉帮结派，努力弥补他自己内心所需要的"家"的感觉。贾亮的改变就是因为班主任邱老师逐渐满足了他的内心需求，让他在自己的生活圈中找到了自尊、自信。

　　从这个案例中，我们可以得到这样的启示：第一，尽力让每一个孩子都能信心百倍地生活；第二，适当地给予关心是孩子健康成长的前提；第三，转变孩子一定要把孩子身上的优点作为突破口；第四，让学生在活动中体现自己的价值。

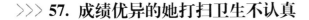

>>> 57. 成绩优异的她打扫卫生不认真

情景故事

　　胥一梅是家里的独生女，以优异的成绩考上了当地名校——第一中学。走进花园一般的校园，她陶醉了，崭新的课程，崭新的生活，新结识的同学、老师，一切的一切都让她兴奋不已。然而，没过几天，她就遇到了一件苦恼的事情。原来，学校有一条规定，学生公寓由学生自己打扫。第二个星期，轮到胥一梅打扫学生公寓的厕所。她心想，这些粗活，我可是从来不干的。刚走进厕所，她就感到一阵阵恶心。没有办法，干吧！于是，她站在厕所门外，硬着头皮，拿着橡胶水管，把脸扭到一边去，把水放到最大，胡乱冲了冲，就赶紧逃走了。

　　班主任关老师发现了胥一梅的问题，该怎样做她的思想工作呢？

这样做

　　班主任关老师检查学生打扫卫生的情况时，看到胥一梅打扫过的学生公寓厕所一片狼藉，满地污水横流，几个纸篓东倒西歪……不由得皱紧了眉头，真想立刻把胥一梅喊来，责令她重新做。但是，转念一想，这可能是她平生第一次打扫厕所，而且，这样做，可能会让她感到颜面扫地，甚至会一蹶不振。这对她的成长是十分不利的。

　　于是，关老师挽起裤腿，挽起袖子，先把地面的污水清除干净，又用清水把地面冲干净。然后，把纸篓倒干净，用水把几个纸篓一一冲洗干净。接着，关老师又用抹布把厕所的门擦得干干净净。

　　关老师看到自己劳动的成果，满意地笑了。胥一梅来到现场，简直不敢相信自己的眼睛。她不好意思地低下了头。

　　从此以后，每次参加集体劳动，胥一梅都能认真、不怕苦、不嫌脏、出色地完成任务。

　　学生在卫生大扫除中，怕苦嫌脏，于是敷衍塞责。班主任关老师不是简单批评、训斥了事，而是想要让学生心服口服，于是做表率，示范性地把厕所打扫干净。这样的工作方法从根本上解决了学生的思想问题。

　　关老师用自身的样板作用，教育学生要勇于承担责任、热爱劳动、克服娇气、乐于吃苦，这些品质是青少年必须培养的，是做人的根本。

　　当然，关老师还要注意不要仅仅局限于胥一梅一个学生，而应借机教育其他同学；不要局限于做卫生一件事，而要借机引导学生培养优秀品质。

>>> 58. "骄子"无视同学，把跳绳扔到地上

情景故事

这天的课外活动时间，张老师带领孩子们跳绳，很快发现五年级学生连续摇那结实的又粗又长的跳绳根本吃不消。于是，规定谁跳坏了，谁就去替换摇绳的同学。班里学习成绩最突出的刘浩辰动作总是有点慢，接连摇了好几次绳，小脸也越绷越紧。这不，他又一次摇摇晃晃地抡起跳绳摇。这时，一个叫刘扬宁的女生刚跳便绊住了跳绳，大家哄笑起来，她有些不好意思地羞红了脸，并飞快地向刘浩辰跑去，准备接他手中的跳绳。可刘浩辰却将跳绳往地上一扔，回到了队伍中。

张老师看到这一情景，想到学习成绩名列前茅的刘浩辰这么不尊重同学，心一沉。

这样做

河南省洛阳市第四十七中学小学部的张伟老师是这样做的。

就在刘扬宁弯腰要拾起跳绳的刹那，张老师阻止了她，喊回来刘浩辰，让他捡起跳绳，并交到刘扬宁的手中。刘浩辰吃惊地看着张老师，孩子们突然鸦雀无声，不明白张老师的心思。张老师知道在孩子们的心中，刘浩辰就是"骄子"，他干什么，他们都认为是正确的。在张老师严厉的目光注视下，刘浩辰弯腰拾起了跳绳，极不情愿地走到刘扬宁面前交给了她。

第二天，孩子们似乎已淡忘了这件事，只有刘浩辰一直趴在桌子上。这一天，张老师讲的是自读课文《将心比心》。

孩子们读完课文后，张老师让大家谈谈，文中哪些地方最让他们感动。许多学生都说是那位母亲，因为在被实习小护士连扎两针、青包都鼓了起来的情况下仍不停地鼓励小护士，这种博大的宽容心使他们很受感动。

张老师又问，这位伟大的母亲为什么会如此善解人意，是什么使她能为别人着想？同学们异口同声地回答，是因为她的女儿！文中，这位母亲对小护士说："这是我女儿，和你差不多大小，正在医科大学读书。她也将面对自己的第一个患者，我真希望她第一次扎针的时候，也能得到患者的宽容和鼓励。""是啊！如果生活中，人与人之间都能多一些理解和宽容，将心比心，那世界将处处充满温暖和快乐呀！"张老师小结道。

接下来，张老师趁热打铁，让孩子们举举生活中的例子，谈谈对"将心比心"的认识。班长首当其冲，高声说："我们在公共汽车上，给老人们让座时，我们也希望当我们的父母年老乘车时，能有人为他们让座。如果每个人都能这么想，那老人们不就感到更幸福了吗？"张老师赞许地点了点头，同学们也连连说好。刘浩辰还是趴在那儿，似乎在沉思。

一个平时调皮的学生站起来说："当我不想写作业时，我就想如果我是老师，辛辛苦苦地培育着学生，可他连作业也不完成，连最基本的要求都达不到，那我该多伤心、失望呀！这时我就会乖乖地去写作业了。"同学们都大笑起来。张老师忍住笑说："要是每个同学都能如此体谅老师，老师该多高兴呀！"

刘浩辰也高高地举起了手，站起来大声说："老师，我现在明白了您昨天为什么让我把跳绳亲自交到刘扬宁手中。因为我们都愿被人尊重，而要想得到尊重，自己应先学会去尊重别人呀！这也叫'将心比心'，对吗？"张老师微笑地看着他，带头使劲鼓起掌来，心也如冰雪消融般的舒畅，如吃了蜜饯一样的甘甜。

同学们越说越多，越说越热烈。刘浩辰又昂起头端正地坐在那里了。

 点 评

这就是教书育人，班主任决不能只做教书匠，一定还要做育花人，在孩子们的心中栽下知识的花蕾，也要播下真善美的良种。这个案例中的张老师敏锐地捕捉到学生心灵中的微尘，开展相应的教育，接受这样教育的学生一定会"将心比心"，成为善良、宽容、豁达的人。

德育是人性的教育，我们要告诉学生学会交际，要明白世上除了相互竞争、优胜劣汰之外，还有更多的互相帮助、相互提携、互相理解，要学会宽容、忍让、宽恕、体谅，要坚信人间自有真情在。

我们要让青少年学会体验高尚与尊严、善良与真诚、仁慈与怜悯；学会拥有始终是人类前进动力的奉献、感恩、宽容、同情、自尊、自信……这些美好的品质；学会感受人间的真情、亲情、友情、同情……这些美好的感情。这是班主任义不容辞的光荣而艰巨的任务。

>>> 59. 她陷入了考试失利的阴霾之中

情景故事

邓老师放学后到教室巡视，学生们都回家了，只有班长凌小君在座位上磨磨蹭蹭地收拾文具，一副闷闷不乐的样子。于是邓老师上前关心地问："小君，怎么一副不开心的样子？拖这么久还没回家，是不是这回阶段考没考好的缘故？"

"老师，我不是没考好，是考砸了！我原来是第三名的，这回才考到第27名，回家都不知道如何面对父母。"她紧锁着眉头，"同学们一定会暗地里笑话我，身为一班之长，居然考得这么差，我的威信何在？以后如何开展工作？"她在不停地给自己戴上精神枷锁。"以这样的成绩，怎么考上大学呀？我害怕极了。"小君说这句话时带出了几分哭腔。

邓老师接过话来："你就这样一味地盯着成绩和排名瞎想呀？那不是在给自己挖精神陷阱？哪还有时间分析考试失误的原因，寻找补救的方法呢？下一次考试又如何能考出好的成绩呢？"

小君点点头，却抛出了一个问题："阶段考失败毕竟是一件大事，我怎么能不忧虑呢？"看来，她焦灼的心情依然未变。

怎样帮助她走出成绩下降的阴霾呢？要知道这可是一个优秀的学生，一般的说教怎能奏效呢？邓老师思考着。

这样做

经过苦苦思索后，广西壮族自治区南宁市第一中学的邓洪波老师心生一计。

邓老师开口道："小君，你作文一向不错，老师给你出个快速作文题吧，题目是'多个角度看失败'，要求你把考试失败这件事看作一口井的盖子，每个自然段换一个角度观察这个井盖。第一个角度站在井底看，第二个角度站在井沿边看，第三个角度站在山峰上看，第四个角度站在云端里看，第五个角度站在月球上看。"

小君左手托着腮帮，右手无意识地把弄着手中的笔，闭上双眼认真地想。邓老师在她身边的位子坐下，静静地看她那撅起的嘴和依然紧锁着的眉头。

一会儿，她开口了，依然闭着眼睛。"第一个角度，站在井底看，一片漆黑，暗无天日，前途无光，什么出路都没有，哎哟！真是糟糕！"

顿了一顿，她继续说："第二个角度，站在井沿边看，井盖好大，快遮住了我的视线。可是我还能见到光亮，没有在井底里看得那么糟，那么压抑和无助，我至少还可以感受到一点希望。"

邓老师没打断她，看着她原本撅起的小嘴吐出这些话，紧锁的眉头渐渐舒展开来。

"第三个角度，当我站在山峰上看时，我看到的是树林、村庄、小河、道路、走动的人们，而这个小小的井盖，我得费好大的神才能找到，相比较而言，它太小了，微不足道嘛。"说到这，她停下来，突然叫了出来："哦，老师，我明白了！"声音提高了八度。

她睁开了双眼，握紧的双手举到胸前。那份焦灼与烦躁感荡然无存，一副茅塞顿开、豁然开朗的样子。

"明白什么了呢？跟老师说说。"邓老师看着跟前这个聪颖的姑娘，微笑着鼓励。

"第一个角度从井底看时，因为我站的人生角度低，眼界自然狭窄，一个井盖就遮住了我的全部视线。我的感觉只有两个字——无望。换第二个角度，在井沿边看时，压力感还是很大，好像有片叶子挡住了眼睛，但总还有阳光，总还有一线希望存在。如果把碍眼的叶子移开一点，光亮就多一点，希望就大一点，移开越大，希望就越大。我可不能被这次阶段考的失败击倒，我要把失败移开，要把它踩在脚下！第三个角度从山峰上看，当然是站得高，望得远啦，我的视野开拓了。小小的井盖，小小的一次阶段考失败真的不是大问题，人生要做的更重要、更有价值的事还有很多，自己实在不该为一次小小的失败付出太多的感情和心力。是不是这样呢?老师?"她歪过头来,脸上盈满了笑意,问道。

邓老师笑着点点头,心里宽慰了许多。

点　评

欣赏与激励是挖掘优秀生潜能的最主要的教育方法。一次别开生面的作文辅导,传达出班主任对学生的欣赏与激励。一个优秀的教师要善于发掘学生的潜能,使学生的潜能得到充分的发展。而发挥潜能最好的教育方法,就是激发学生内在的动力,充分调动学生的积极性。通过多角度分析,学生亲身体会到了应该如何做的奥秘,方向变了,境界自然而然也就开阔起来了。让优秀学生的境界高远起来,这是班主任的任务之一。

>>> 60. 名列前茅的小梅出现了反常的状况

情景故事

女学生小梅即将参加高考，她是班干部，学习很努力，而且成绩始终是名列前茅。不过，最近几次月考时，她都出现了胸闷、烦躁、焦虑不安，甚至呕吐等症状，成绩也随之大幅下降。最奇怪的是，不考试的时候，她的身体状况良好，到医院检查也没有任何问题。再有，她做一件事情必须重复做好多遍才放心。下课了，她要反反复复洗手，总觉得手洗不干净。

作为她的班主任，应该怎么做？

这样做

班主任不要因此大惊小怪，不要心急如焚，更不能给孩子施压。要清楚，小梅的表现是心理问题所导致的不正常的结果。一旦调整好心理，小梅就会恢复正常。

至于她考试时表现在身体上的不适症状，真正的原因不是出在身体上，而是出在心理上。心病必须心药医。班主任要疏导她的心理，要教育她直面高考，不逃避，不回避，不胆怯，要勇敢，要正确对待失误，要克服焦虑的情绪，不要总是给自己施加压力。

至于下课了，她要反反复复洗手，总觉得手洗不干净。——这不是什么大病，是"强迫症"的反应。强迫症的典型症状就是反复出现明知没有必要但又控制不住的意念与行为。这些心理问题的出现可能的原因就是心理压力过大。

小梅成绩大幅下降，必然会产生更大的压力。班主任要运用积极的评价方式，给予她充分的欣赏、鼓励、信任，千万不要用成绩说事，不要挫伤她的自尊心与自信心，要铸造她坚固的心理长城。

班主任要在班级里营造一种和谐、宽松的氛围，让孩子们保持积极稳定的情绪，以最佳的心理状态迎接高考。

点 评

面对小梅的反常举止，班主任不能想当然地处理问题，批评学生，要深入学生的心灵，准确寻找病因。班主任要清楚这是学生人生中面临的第一个重大转折期很容易产生的心理健康问题。这个案例提醒我们，作为班主任，一定要重视学生的精神状态是否饱满、健康。班主任要做好心理导师。

>>> **61. "我完了，什么都不会了"**

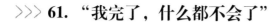

情景故事

晁老师的班上有位叫宋杰的学生，学习成绩中上等，每次月考在班级排第十。她性格外向，课间总像小鸟似的围着老师叽叽喳喳地说这说那，最近却沉默起来了。有同学悄悄告诉晁老师，晚自习时她经常在教室里哭。

一次普通的化学练习课上，学生们各自做着练习卷。下课了，宋杰跟着晁老师走出教室，愁眉苦脸地说："老师，我完了，连简单的题也不会做了。"晁老师几次安慰，她还是哭着说："我最近各科都不行，我完了！我真的什么都不会了。我怎么办呀？"

中考前夕，各科老师都加大了考试的密度，高度紧张的学习、众多的难题、偶尔的低分让她对自己的一切产生了怀疑，觉得自己什么也做不成功。这种消极的心理暗示，使她产生了自卑感。

晁老师想，怎么让她擦去脸上的泪花，恢复以前的自信与快乐呢？

这样做

山东省淄博市临淄区实验中学的晁博老师是这样做的。

晁老师和宋杰约定中午一起做个游戏，她欣然同意了。中午她早早来到办公室。晁老师拿了一支笔、一张纸，要求她用最快的速度补充句子：我是_____的人，相貌、性格、优点、缺点都可以填到横线上。

半小时后，她交上了答案：

1. 我是一个长得不好的人。

2. 我是一个习惯不好的人。

3. 我是一个行为不好的人。

4. 我是一个字写得不好的人。

5. 我是一个花父母的钱多的人。

6. 我是一个思维能力差的人。

7. 我是一个没有特长的人。

……

共计18条，最后还附了一句："总之，千言万语，也无法说完我的缺点。"

晁老师告诉哭泣的宋杰："这肯定不是真实的你。在这个世界上，不会有谁只有缺点而没有优点的，每个人都有自己的闪光点，要学会挖掘它。"

"老师，我真的没有优点呀！假如非要说出优点，就是我挺想学习，这是唯一的一个小小的优点——可是，我想学又学不好，不又是一个缺点了吗？我的缺点似黑夜，优点是小小的氧分子，唉！"她又伤心地哭了起来。

"宋杰，你知道吗？谦虚谨慎、虚怀若谷本是人的美德，承认自己知识少的人往往是勤奋好学、有真才实学的人。但是如果事事、处处都觉得自己不行，就是自卑了，对自己是不利的。"晁老师说完，拿出一本故事书选择了一个故事读给她听。

黄美廉，一位自小就患脑性麻痹的病人。脑性麻痹夺走了她肢体的平衡感，也夺走了她发声讲话的能力。她的成长过程充满了血泪。然而，她没让这些外在的痛苦击败她内在的奋斗精神，昂然面对，迎向一切的不可能，终于获得美国加利福尼亚州州立大学艺术学院的博士学位，成为一名画家。

在台南市的一次演讲中，一位学生问黄美廉女士说："黄女士，您从小就长成这个样子，您会认为老天不公吗？您有没有怨恨？"在场的人都心头一紧：怎么可以在大庭广众面前问这个问题？太伤人了，大家都担心黄美廉会受不了。

黄美廉微微一笑，转过身来，用粉笔在黑板上写道："我怎么看自己？"她歪着头，回头看着发问的学生，然后在黑板上写了起来：

一、我好可爱!

二、我的腿很长很美!

三、爸爸、妈妈这么爱我!

四、上帝这么爱我!

五、我会画画,我会写稿子!

六、我有只可爱的猫!

忽然,教室内鸦雀无声,她回过头来定定地看着大家,又转身在黑板上写下了她的结论:"我只看我所有的,不看我所没有的。"

掌声响起,黄美廉倾斜着身子站在台上,满足的笑容从嘴角荡漾开来。

故事读完了,看着还在沉思的宋杰,晁老师悄悄地走出办公室。回来时,晁老师看到原来的纸上多了几句:

我是一个相貌端正的人。我是一个身体健全的人。我是一个刻苦努力的人。我是一个喜欢读书的人。我是一个想得到好成绩的人⋯⋯

晁老师不停地点头,宋杰不好意思地笑了。"老师,我记住了,只看我所拥有的。"

 点 评

晁老师对丧失信心的宋杰的疏导是成功的,是充满艺术魅力的。晁老师教育学生明白这样的人生道理——要想使自己的人生变得有价值,就必须要经受得住磨难的考验;要想使自己活得快乐,就必须要接受和肯定自己。其实,在这个世界上,每个人都有着不同的缺陷或不如意的事情,并非只有自己是不幸的,关键是如何看待和对待不幸。无须抱怨命运的不济,不要只看自己没有的,而要多看看自己所拥有的,我们就会感到:其实我们很富有。

这个案例启示我们——班主任要关注学生的生命成长。这里的生命成长，一是指身体的成长，二是指心灵的成长。身体的成长，离不开物质的食粮；心灵的成长，离不开精神的食粮——优秀的读物。有时候，一篇优秀读物可以改变人的一生，它对青少年的影响就像春风对生物的爱抚，细雨对花草的滋润，阳光对绿叶的普照。有时组织学生赏析一篇短短的千字文，往往胜过我们不厌其烦地万言说教。优秀读物是班主任工作的得力助手。我们选择古今中外的文学精品举办欣赏会，再配以经典音乐，用人类创造的艺术来陶冶青少年的情操，塑造美好的心灵，这难道不是一种值得推广的德育工作方法吗？

黄美廉的故事感人至深，班主任应该牢记一百个——承载英才睿智、启迪学子感悟、盈溢世人情感、饱含生活哲理、揭示成功真谛、歌颂理想信念的德育故事。

>>> 62. 学生间居然兴起了老公、老婆等称呼

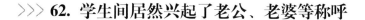 情景故事

　　吴老师刚接手的五年级三班里居然出现了老公、老婆、老爸、老妈等称呼，这是怎么回事？

　　班长阿羽品学兼优，而且乐于助人。班里有一个学习、纪律都较差的同学国强，就是阿羽经常帮助的对象。随着年龄的增长，孩子们受到电影、电视和某些社会现象的影响，国强把阿羽对他的热心帮助视为"爱情"，居然请了正读初中的邻居为他写了一封情意绵绵的"情书"塞给了阿羽。开始时，年仅 10 岁的阿羽对这突如其来的"爱情"无动于衷，但国强一而再、再而三地请"枪手"给阿羽写"情书"。慢慢地，阿羽觉得国强的信写得挺有意思的，便以玩游戏的心理也学着给国强回了一封情意朦胧的"情书"。

　　自此，两个刚满 10 周岁的孩童情意绵绵地谈起了"恋爱"，同时，双方还把对方的"情书"给班里的好友分享，于是双方好友也参与了他俩的"爱情"游戏，成了阿羽、国强的"父亲、母亲"。到了五年级时，他们居然在教室里互称"老公"、"老婆"，"老爸"、"老妈"。虽然是游戏，但是那肉麻的称谓、卿卿我我的举止却像一把黄色的伞笼罩着班级，很多同学议论纷纷，有的同学见到阿羽这个好学生、好班干部都这样做，就开始模仿。

　　吴老师觉察到问题的严重性，思索着该怎么办。

　　这样做

　　广西壮族自治区北海市海城区第一小学的吴华桂老师是这样做的。

　　开始时，吴老师想用暴风骤雨、猛批狠斗的办法来"拆散"这个"家

庭"，又一想，不行！他们还是一帮不懂事的毛孩子啊。可是不及时处理这问题，这个班级的风气就会变得越来越坏。

"解铃还需系铃人。"一天，吴老师分别找两个人谈话。先叫来国强问："你喜欢阿羽吗？"他毫不犹豫地点点头。"为什么喜欢她呢？"他就喋喋不休地说阿羽如何帮助自己学习，怎样帮他解决了生活上的问题。的确，阿羽实在值得他爱，但他却错误地以为这种"爱"就像自己父母之间的那种爱。吴老师接着说："阿羽关心同学，学习优秀，班里很多同学都喜欢她，老师也很爱她。她的确是个人见人爱的好同学。你和她其实只是一种相互的钦佩、仰慕，是一种友谊的开始。'爱'是一种非常纯洁美好的感情。你称阿羽为'老婆'，但你知道'老婆'是什么意思吗？你知道怎样才算一个'家'吗？"吴老师分别向两人分析了一个家庭的结构和家庭成员的责任，接着谈了友情和爱情的区别。

第二天，吴老师策划了"爱与责任"的主题讨论会，先在黑板上写了个"爱"字，问学生们想到了什么，有人说父母之爱，有人说老师的爱、同学的爱……接着，吴老师让学生们谈谈对所有爱的看法，并问小学生能不能谈恋爱？为什么？要求分小组讨论，再全班交流。学生联系到相关的影视剧，并现场上网查资料，讨论了发生在班里的怪事。吴老师安排查资料的人正是国强，交流时也让他汇报，最后请班长阿羽对这次班队主题会进行总结，提出要求。

吴老师组织这个讨论会的目的，就是要让他们懂得这样一个观点：小学生不能谈恋爱，爱是一种责任。在学生时代，学生之间由于共同学习、参加活动而对某个异性产生好感，是很正常的，是一种美好的"友爱"。小学生还在成长，对事物的认识还不全面，还没有能力对婚姻和家庭负责任。现在努力学习就是为了提高自己的生存能力，提高自己对家庭、社会负责的能力。

此后，"爱情"游戏终于在班里消失了。

点　评

　　青春期教育很重要，这一点无论在社会上，还是在学校里，都已经成为老师和家长的共识。但如今许多人心里的"青春期教育"和"防早恋教育"变成了同义词。事实上，我们早知道对于早恋，"堵"不如"疏"，青春期教育的首要任务是，引导学生明白什么是真正的爱，如何去爱，让孩子自己掌握爱的能力。小学生中经常能看见"过家家"式"早恋"，其实是披着早恋外衣的友谊，或者一般的异性交往。即使他们说出了让成年人感到吃惊的话，孩子的内心还是纯洁的。老师不要大惊小怪，不要扣帽子。

　　吴老师面对班级里的"爱情"游戏问题，没有惊慌失措，没有横加干涉，没有围追堵截，而是先找学生个别谈心，再开主题班会公开讨论，引导班级舆论方向，让学生明白什么才是真正的爱情，如何才能获得真正的爱情。这一做法是值得我们学习的。

>>> 63. 她终于露出了笑颜

情景故事

　　王老师在接管一年级三班的第一天，就发现在教室的墙角处有一个像含羞草一样的女孩，穿得脏兮兮的，静静地坐着。开学一周了，也没见她笑过。从同学们的谈话中，王老师知道她叫李颖。

　　随后，王老师就到李颖家了解情况。冷冷清清的屋子里，只有几件必备的生活用品。她的妈妈向王老师傻傻地笑了笑，就呆呆地坐在那一声不吭，她的爸爸一瘸一拐地向王老师走来，很客气地作了介绍：李颖本应该上三年级的，但前年做了心脏手术，去年学习成绩非常差，所以今年继续上一年级。她妈妈智力有问题，她还有一个三岁的妹妹。他自己身体残疾，在福利鞋厂上班，全家仅靠他一个人维持生活，非常贫穷。

　　王老师想，该怎么做才能让李颖笑呢？

这样做

　　山东省莱芜市莱城区莲河学校的王翠玲老师是这样做的。

　　家访结束后，走在回校的路上，王老师心里酸酸的，下定决心要帮助李颖。回到学校后，王老师首先向领导汇报了情况，给她办了特困生证明，在校一切费用全免。

　　然后，在班会上王老师制订了师生共同帮助她的计划。

　　第一步，大家先帮助她敢说话。王老师规定全班同学在每天的课间活动时间必须和她说一句让她开心的话。例如："和我一起玩吧！""我喜欢你！""咱们一起玩游戏吧！"……王老师坚持每天对她说一句鼓励性的话，例如："你的声音很好听，老师最喜欢听你说话！""你说话的表情很好看！""同学们最喜欢听你回答问题！"……即便是重复，王老师也坚持每天和她说一句话。

开始李颖只是点头，逐渐地能听到她发出微小的声音。一个月后，正赶上国庆节歌咏比赛，王老师为同学们排练合唱，注意到李颖一直跟着唱，就是声音小了些。王老师很高兴，因为她敢唱了，王老师继续鼓励她："上舞台合唱时你声音再大一些会更好，因为你的声音很好听，老师、同学都喜欢听。"结果在比赛中，她的声音很洪亮。比赛结束后，好多孩子跑到王老师跟前七嘴八舌地说："老师，李颖唱得还很好听哩。""老师，李颖声音真大!"王老师立即奖给了李颖一朵大红花，她笑了，笑得那么甜。师生第一次看到她笑，此时大家都很激动，真想把她的笑容用照相机照下来。

从此以后李颖敢说话了，能和小朋友一起玩了，她感觉到了大家庭的温暖。虽然她还不是那么活泼，但毕竟是在性格上有了很大的转变。

第二步，从学习上帮助她。王老师规定全班55人每天有一个同学当小老师帮她学习。一年级的孩子对当小老师感觉很兴奋，这对他们自己也是一种复习。李颖又感受到了集体的温暖，学习上有很大的进步。王老师教的是数学课，每节课讲完新授内容让学生做练习的时候，都专门对她进行辅导，因为有些内容在讲授过程中她听不明白，必须用特殊的方法给她分析讲解。例如：学习20以内进位加法和退位减法时，王老师无论怎样分析讲解她都不能掌握。王老师只能用数小棒的方法教她，比如"$7 + 8 = 15$"，先画7根小棒，再画上8根小棒，最后让她数一数一共有几根小棒，就等于几。算"$15 - 8 = 7$"时，先画15根小棒，再去掉8根小棒，数一数还剩几根小棒，就等于几。王老师坚持让她这样练。熟能生巧，逐渐地她学会了20以内的所有口算。

不同的题目，王老师用不同的方法，绞尽脑汁地教直到把她教会为止。王老师坚持每周都把她的学习情况用书信的形式向她爸爸汇报，以便她爸爸能有针对性地为她做辅导。

功夫不负有心人，经过全班师生的共同努力，一学期结束后，在年终考试中，她从原来的只能考几分提升到了80多分。虽然在班内算不上成绩最好，但毕竟有了巨大的提高。她学会了学习，对学习也有了兴趣。

王老师又奖给了她一朵大红花和一张漂亮的奖状，她笑了，笑得更加甜蜜。

放假了，李颖的爸爸拄着拐杖一瘸一拐地第一次来接她，握着王老师的手，含着眼泪说："老师，谢谢您！"王老师微微一笑："您放心，下学期我会让孩子更上一层楼！"

 点 评

读着此文，我们似乎听到王老师在娓娓诉说一个动人的故事，不由想起伟大的教育家苏霍姆林斯基的话："和谐的教育——这就是发现深藏在每一个人内心的财富。"王老师的课堂是何等和谐，得到收获的绝对不仅仅是李颖，还有全班同学对爱、关心、集体、助人为乐等词语的深切体会，以及成长的快乐。

陶行知曾代表乡村儿童向全国乡村小学教师请愿说："不要你的金，不要你的银，只要你的心。"王老师确实是把心奉献给了孩子们。对这样的孩子，王老师不放弃、不抛弃，一点一滴耐心地教授、细心地引导，这需要多少爱心呀！千千万万老师用伟大无私的爱为孩子们打开了通往未来、通往幸福的大门！

>>> 64. "火药桶"在课堂上爆炸了

情景故事

　　龚老师的班里有一个叫陈翔的学生，脾气暴躁，只要有一点事情不合他的心意，他就暴跳如雷，因此初中时就获得了"火药桶"的绰号。上高中以来，他已经出现了两次情绪失控的情况。龚老师在等待时机帮助他改掉这个毛病。

　　这天数学课上，因刚考完试，学生议论着考题。数学老师多次提醒，教室还是安静不下来。这时，陈翔嘟嘟囔囔地说："上课嘛，上课嘛。"意思是让老师不要管其他学生，直接上课。数学老师说："大家安静不下来，我怎么讲课？"不料，老师话音未落，陈翔竟拿起书包就往外走，边走边说："我又没随便讲话，凭什么等！"数学老师叫他不要走，他竟然蹦出一句粗话"管你×事"，扬长而去。

　　请设想一下，龚老师该怎么疏导、教育他，浇灭"火药桶"？

这样做

　　广西壮族自治区桂林市中山中学的龚文静老师为此煞费苦心。

　　第一步，直截了当地讲明数学老师的做法是正确的，让他向数学老师道歉。但由于双方都没有想通，结果是不欢而散。

　　第二步，请陈翔的父母劝导他，结果仍然无效。

　　第三步，龚老师见前两招失效，头脑清醒地分析问题：陈翔性情暴躁，性格偏执，不能用偏激的方法来刺激他，否则只会让他走向极端。于是，决定另辟蹊径。

　　首先，利用陈翔信任自己的优势，进行了面对面的谈心，肯定他的进步："龚老师知道你为人正直，而且这一年多来，你的脾气已经收敛了很多。"他点了点头。

其次，利用故事进行疏导。见他解除了戒备，龚老师给他讲了华盛顿的故事——

当时还是上校的华盛顿就选举问题与一个叫佩恩的人展开了一场激烈的争论。争论中，华盛顿说了一些极不入耳的脏话。佩恩火冒三丈，挥拳将华盛顿击倒在地。但华盛顿没有反击，而是在第二天邀请佩恩去一家酒店会面。

佩恩神情紧张地来到酒店，出人意料的是，迎接他的不是手枪而是酒杯。华盛顿笑容可掬，伸出手，欢迎他的到来，并真诚地说："佩恩先生，人孰能无过，知错就改，方为俊杰。昨天确实是我不对，你已经采取了行动，挽回了面子。如果你觉得那已足够，那么就请你握住我的手吧！让我们来做朋友。"两人紧紧地拥抱在一起。

龚老师顺势接着说："你看，华盛顿有错都能主动向人认错，这需要多大的勇气啊！这也说明他的内心很强大、很宽容。宽容可以赢得对方的尊敬，宽容的人更容易成功。"

再次，龚老师向陈翔提出了三个问题。

"你对数学老师的印象如何？""我觉得数学老师认真负责，讲课也生动。"

"那天在课上，你是不是当着全班同学的面骂了数学老师？""是的。"

"你骂了老师后，老师是否心胸狭窄地没有帮你批改数学试卷？""没有。"

接着，龚老师谈到对宽容的认识：宽容别人，不仅是心地善良的表现，有时还是一种巧妙处理人际关系的策略、和平解决事端的法宝；宽容并不是软弱的退让，而是一种敢于忘却的智慧……

最后，龚老师说："我们每个人每天醒来都应告诫自己：理由少一点，度量大一点；嘴巴甜一点，脾气小一点；行动快一点，效率高一点；微笑多一点，脑筋活一点……那么，我们每天就会快乐多一点。"陈翔笑了笑。

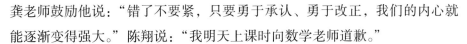

龚老师鼓励他说："错了不要紧，只要勇于承认、勇于改正，我们的内心就能逐渐变得强大。"陈翔说："我明天上课时向数学老师道歉。"

第二天的数学课上，陈翔真诚地向数学老师道歉。数学老师原谅了他，随即教室里响起了热烈的掌声。

 点　评

龚老师确实是"灵魂的工程师"，"火药桶"的绰号就意味着该生性格偏执、执拗、不好改变，也意味着转化的艰难。但是，龚老师成功了。

他采用了三招。前两招失败了，第三招成功的秘诀在于攻心。龚老师分析了"火药桶"的心理特点，以情导情，以情激情，循循善诱，巧妙运用故事进行疏导，而不是采用"火药桶"不会畏惧的狂轰滥炸式的批评训斥。所以，班主任做特殊学生的思想工作时必须采用特殊的方法技巧。

当然，龚老师对陈翔粗口说脏话的批评还不够到位。这里的批评还有点不痛不痒的感觉。

>>> **65. 被家长批评的孩子离家出走了**

🕐 **情景故事**

"老师,我是××的妈妈,我儿子星期五晚上被我们批评后离家出走,已经两天了,我们找遍了他的朋友家,没有找到他。这孩子脾气很倔,要是我们到学校找他回来,他一定不肯回来。老师,星期一如果他去学校你能不能帮我们劝他回来,他在外面待久了我们很担心。"

和家长通完话后,莫老师的心情一时难以平静。她在想,怎么办才好?

📖 **这 样 做**

班主任莫老师接到家长的求助电话后,心想,明天该怎样去劝他呢?叫这个学生出来指出他的错误,批评他一顿?这显然行不通,学生的逆反心理很强,这样做反而会令事情更糟。

莫老师静下心来想。哦,对了,前几天在《读者》上看过一篇文章《一碗馄饨》,比较适合用来教育他。

星期一早上第一节班会课,莫老师一走进教室,就看到他坐在教室里,松了一口气,说:"咱们今天读一篇文章,《一碗馄饨》。"说完,就朗声读开了。文章的大概意思是:一个小姑娘因为和母亲闹矛盾了,就离家出走,走了很长时间,看到面摊时才发觉饿了,可身上又没带钱,一位好心的老大娘给她煮了一碗馄饨让她吃。她感动得流下了泪,说老大娘不认识她却对她这么好,可她妈妈却把她赶出家门。老大娘说了:"我只是煮了一碗馄饨给你吃,你就这么感激我,那你的母亲煮了十多年的饭给你吃,你怎么不感激她呢?怎么还要跟她吵架?"老大娘的话让小姑娘感触很深,她知道自己错了,回家向母亲认了错,并从此懂得了如何尊重父母。

读完这篇文章,莫老师问学生:"小姑娘和她母亲闹矛盾了,为什么想到离家出走?""因为她妈妈不理解她，让她觉得在家里待得很委屈，就离家出走。"那个出走的学生第一个回答："对!"几个学生也应和着。"好，你们分析得比较合理，但你们说到'理解'，老师想问问你们，你们平时都是要求父母理解你们的想法和做法，那你们理解你们父母的想法和做法吗?"大部分学生摇头。

"你们如今是初一的学生了，有了自己的想法，我希望你们在平时对任何事情都要做到换位思考，想一想你们父母的想法和做法。现在来想一想，老大娘的话说得有没有道理?""有。"学生大声地回答。

"那你们能不能说一说在日常生活中，你们的父母做了哪些事情，让你们感到他们对你们的关爱?"经过一小会儿的平静后，学生踊跃发言。

"你们举的例子很感人，我们今天讨论的话题是'尊重父母'，通过你们能说出父母对你们关爱的感人的例子，老师觉得你们在平时一定是懂得尊重父母的孩子，对不对?""对!"学生齐声回答。

"尊重父母的方式很多，你们说一说，怎样才是尊重父母?""平时和父母说话的态度要好。""帮助父母做家务活。""关心父母的身体"……"你们说得都不错，老师想补充一点，当父母误解你时，如果静下心来向父母解释清楚，那也是尊重父母的一种方式。"

下课后，莫老师找来那个学生，问明他离家出走的原因，原来他父母认为这段时间他学习成绩差是由于他不认真学习造成的，实际上他已经很努力学了，但不知为什么成绩上不去。

"你是个尊重父母的孩子吧?""是。"学生立即回答。

"那你因为这个误解就离家出走，算不算是尊重父母?""不算。"学生小声回答。

"老师相信你是个尊重父母的孩子，也相信你现在知道怎样做才是对的，是不是?"学生点点头，说："我会回去好好向我父母解释清楚的。"

"你做得对，我到时也会找你的父母，和他们一起分析你的学习状况，帮你找一个适合你的学习方法。"

"谢谢老师。"学生感激地离开了。

晚上，莫老师接到孩子家长的电话，说孩子回家了，并且跟他们道了歉。

点 评

　　苏霍姆林斯基有句名言："要记住，你不仅是教课的教师，也是学生的教育者，生活的导师和道德的引路人。"教师，不仅要做经师，更要做人师；不仅要向学生传授知识，还要通过各种途径去唤醒学生麻木或者愚钝的灵魂。

　　本文中的莫老师，遇到离家出走的学生，不是厉声批评，也不是侃侃说教，而是有意识地找了一篇与此相关的文章，春风化雨般地把道理渗透给了学生，做人、做事的道理不言自明。引导学生在讨论中认识到哪些言行是对的、哪些言行是不对的，促使他们改变自己不良的行为，这种轻松的教育方式比起那些"苦口婆心"的说教式教育的效果更大，也让学生在这个过程中进行了良心的拷问、灵魂的自省，最后，明白了自己的错误，教育目的轻松达到。

>>> 66. 她因父母经常吵架要离异而痛苦不堪

【情景故事】

初一班主任孙老师，是位语文老师。这天批阅学生的作文，孙老师看到阿丽写的《成长的感觉》：

成长是一座桥，是一朵浪花，是一条河。每个人经历过它，都会留下成长的痕迹。一次次的经历，一次次的感受，都会在成长本上写下真实的一笔。

我家"狂风暴雨"后，只有满地的杯盘碎片。一次次交战，一日日升级，曾经温柔的妈妈歇斯底里，曾经儒雅的爸爸青筋暴露。家笼罩在硝烟的恐怖中。我只能惊恐地躲在自己的小屋里，咬着被角默默流泪。

我从小喜欢阳光的颜色、阳光的味道，尤其是彩虹，它是那么美，令人向往。

"别废话！""不讲理！""啪！"伴随着杯子的破碎声，门外的吵骂声又开始了。我知道我的生活里没有阳光，阳光不属于我，彩虹更不属于我。

门外的风声好像停了，出奇的静，有点死一般的静。只听得见墙上秒针走动的声音……

突然，有人敲我的门，是爸妈！一定是爸爸想起了我还没有吃饭，一定是妈妈问我要成绩单……我急速下床，快步走到门口。

不，不急着开门，我要把泪水洗去。他们一定是和好了，过日子哪会没有磕磕绊绊？我不怨他们。我要换上那件粉色的裙子，他们一定觉得有点对不住我，要带我去逛超市，或去看电影……一股暖流涌动着，我轻松地打开了门。

> 爸爸妈妈黑着脸站在我面前，我的笑容在收敛，直到表情僵硬地张着嘴站在那里。他俩几乎异口同声地向我发问："你想跟谁走？说！"
>
> 我觉得腿在发软，头变大，一下子瘫倒在地上。我就知道，阳光不属于我，彩虹不来我的家！
>
> 我心中的彩虹在那一刻幻灭了……

孙老师读后，为阿丽的遭遇感到震惊，为她的善解人意而感动，为她的未来而担忧，禁不住问自己：我能为这个孩子做些什么？

这样做

下午放学后，孙老师把阿丽请到办公室，与她进行了推心置腹的交谈，告诉她，我们面对的不都是阳光与温暖，不都是春风与微笑，人生道路上布满荆棘，人生天空中时常有电闪雷鸣，生活中处处有困难，我们要正视压力、正视失败、正视挫折，应该具有笑傲困难、笑傲人生的气魄，具有迎难而上、百折不挠的意志力。

第二天，孙老师找到几位科任老师，简单介绍了阿丽的家庭情况，建议他们走近阿丽，与她尽可能多地共同学习、活动，让学习、活动给她带去欢乐，以减轻她所受到的伤害。当然，孙老师没有忘记叮嘱大家，对阿丽的家庭情况要保密。

孙老师又找到阿丽的好朋友，希望她们多接触阿丽，感受她内心的痛苦和不安，给她带去温暖，让她不再觉得成长的天空是灰暗的，让笼罩在她心头的阴霾逐渐消散。

经过一番充分的准备，孙老师利用星期天去阿丽家做家访，让阿丽的父母读了女儿的作文《成长的感觉》，让他们知道孩子的不安与痛苦，劝告他们不到万不得已不要离婚……阿丽的父母读了文章，流下了泪，表示不再争吵，还孩子一片温馨的天地。

孙老师看到阿丽的作文后，展开了一系列的工作，这是班主任责任心的表现。班主任不但要注意学生在学校里的各种情况，也要关注学生的家庭情况。

美国一位心理学家指出："离婚在当前已成为威胁当代儿童成长的严重而又最复杂的危机之一。"如今，社会发生了巨大的改变，稳定的家庭开始动荡起来，而首当其冲的就是青少年。我们要像孙老师这样，主动关心孩子，在生活上多关心他们，为他们创设一个良好的环境，让他们体验到温馨，减少心理的阴影。教师要用自己的爱心去浇灌他们，培养他们的自尊心、自信心。教师有耐心地与他们谈心、交流，了解孩子的内心情感，有针对性地进行个别教育，要"一把钥匙开一把锁"，讲求教育的艺术性，使之乐于接受，让他们感受到外界给予的关爱。教师要引导班级里的孩子们多与离异家庭的孩子交流、玩耍，一起做游戏、玩玩具等，让集体的温暖点点滴滴沁入这些受伤的心田，使他们感到不孤单，让他们的生活也充满童趣。要宽容孩子的行为，不要歧视他们。同时，也要教育这些孩子去宽容对待他人、理解他人，培养他们自立、自理。注意，对离异家庭的学生也要有严格的要求，不能一味放纵。

总之，做好离异家庭孩子的教育工作是一项艰巨而又复杂的任务，家庭、学校和社会应共同来关心他们、教育他们，打造一个良好的环境，消除由于父母离异给孩子带来的心灵创伤，使他们能快快乐乐地成长。

>>> 67. "大哥"给"小妹"送点吃的，没什么！

情景故事

一位科任老师向班主任郑老师反映，班里的小艾同学最近上课表现很反常，魂不守舍的，经常问一些不着边际的问题。一下课，她又在教室里手舞足蹈，大声尖叫，弄得同学都无法安心学习。更严重的是，接连好几天晚修前，都有几个高年级男生来找她，还经常给她送吃的。

郑老师一个星期没回家吃晚饭，为的是亲眼看看到底是哪些高年级男生给小艾送东西吃。经过一星期的观察，那位老师所说的一切都得到了证实。

郑老师想，这怎么办呢？

这样做

浙江省温州市教师教育院附属学校的郑淑艳老师做了细致的工作。

一个星期一的下午，同学做好大扫除后，郑老师按照惯例去班级验收检查。刚好碰上高三的两位男生来找小艾，手里还提了好几袋吃的东西。郑老师让小艾同学把东西拿到办公室，问她："你觉得你最近表现如何？刚才那两位男生又是谁？"不知为何，她很激动地回答道："我最近表现得很好，那两位男生是我在文学社认识的朋友，他们对我很关心，我称他们为'大哥'。'大哥'给'小妹'送点吃的，这也没什么！"

她的回答让郑老师很惊讶，说："这是没什么，但为什么最近你的成绩直线下降？"她不屑一顾地回答："我的成绩本来就不好，成绩好一点会怎样，差一点又怎样？反正你们都是看不上我的。"她一边说一边还带着敌意看着郑老师。郑老师真的生气了，厉声喝道："成绩好坏不要紧，你到底还想怎样？难道你要把班级闹得天翻地覆才罢休吗？你不想学习，要全班同学都陪你不学习吗？你自己说你最近都干了什么？"

小艾同学吓了一跳，眼泪哗的一下就出来了。郑老师心想，她的眼泪说明她的一切所作所为应该是有原因的，或许这背后还有很大的委屈。"为师者以爱心酬学子。"郑老师递给她一盒纸巾，让她先擦干眼泪。然后，语重心长地对她说："小艾同学，老师从来没看不上你，其实我一直认为你是一位很乖巧的学生。对于你最近的变化，我真是替你着急啊！你好像在自暴自弃，你能告诉我为什么吗？"小艾同学的眼泪又下来了，她边哭边说："老师，我想和你好好谈谈。我要占用你一些时间，可以吗？"郑老师给她倒了一杯茶，告诉她："你想说什么都可以，我晚上没课。"

原来，小艾同学是一位典型的留守儿童。她刚满三个月大时，父母就外出做生意了，她一直和奶奶生活在一起。父母不能和她生活在一起，也很少关心她，甚至连逢年过节也很少回来看她。从她懂事以来，她一直很努力，就是渴望得到父母的一声赞扬。但她的父母好像只会要求她，而不懂得给她鼓励。中考她没能考上重点中学，父母在电话中对她只有抱怨，而没有一丝的安慰。进入高中的第一次期中考试成绩下来后，她告诉父母自己考得不是很理想，父母在电话中又把她大骂一顿。她说到她的父母时，话语中缺乏温馨和安全感，并且带有仇恨的情绪。她告诉郑老师："老师，我觉得生活很没意思，我也觉得自己很孤单。"郑老师终于明白小艾同学发生变化的原因了。

她的话让人很震撼，郑老师意识到问题很严重。作为她的班主任，郑老师决心要帮她。在接下来的日子里，郑老师经常关心和鼓励小艾同学，也经常找她谈心，告诉她很多人生道理。同时，还经常打长途电话和她父母沟通，让她父母多关心和鼓励小艾。让郑老师高兴的是，小艾的父母都很配合，他们也认识到了自己确实有些地方做得不妥，伤害了孩子。

小艾同学进步很快，到期末考时学习成绩排名从年级的 200 多名，进入了前 50 名，并且和同学的关系也融洽多了，对集体也很关心热爱。期末考后，经过全班同学的投票推选，她被评为"优秀团员"。第二学期开学初，她的父母带她一起来校注册。她高兴地告诉郑老师："老师，谢谢你！我爸妈回家看我了，这么多年头一次。真得谢谢你！"她一脸的笑容。

点 评

好孩子是夸出来的。每个人从内心深处都有得到别人赞赏的需求，这种需求如果长期得不到满足，就会产生一些怪异的行为。小艾由于长期得不到父母的关爱，长期被父母抱怨，进而产生了厌世与自暴自弃的想法。她之所以接受高年级同学送她的东西，就是因为她能从中得到被人关怀的感觉。俗话说，"缺什么补什么"。郑老师之所以能够改变自甘落后的小艾，就是因为郑老师帮助小艾得到了一直无法得到的父母的关怀与爱。

通过这个案例，我们可以得到许多启发，例如：（1）关怀留守学生，更多是要关注他们的心理。（2）要想改变一个学生，就要了解他的心理，在合理的范围内，让他得到想要得到的东西。（3）亲情是任何东西都无法替代的。（4）要想真正地了解一个学生是需要下功夫的。（5）教育学生要对症下"药"，只有这样才能"药到病除"。

>>> 68. 六年级的她窃取试卷

情景故事

小林现在是师范学院的大学生，她在上小学六年级的时候，有一次，为了使成绩一鸣惊人，在期末考试之前，竟趁着黄昏破窗跳入了易老师的办公室窃取试卷。正当她寻找试卷之时，恰好易老师走进办公室，小林吓得躲到办公桌下，一声不敢吭。

如果你是易老师，当场会对她说些什么？应注意什么？

这样做

在昏黄的暮色中，易老师对小林这样说："小同学，你不要露脸，也不要说话，你回答我的问题，只要点头或摇头就行。你来这里，是想找一件你想要的东西是吗？（小林点头）这东西属于你吗？（小林摇头）不属于我们的东西，不管自己如何喜欢，我们都不该拿，对不对（小林点头）？记住我的话，你走吧。小姑娘，明天你来上学，依然是一个天真可爱的孩子。"

点评

易老师在处理这件事情时，注意了这样几个问题：第一，没有讽刺挖苦，而是尊重孩子人格。第二，不言偷，而是循循善诱，使其认识错误。第三，不能公开化，要为其保密。第四，不能因此剥夺孩子参加考试的权利。

这里没有严厉的训斥，有的只是一种充满师爱、循循善诱的师情，它汇聚成一股巨大的精神动力，这就是"柔风攻心"。当事者小林后来成长为师范学院的大学生就是有力的诠释。

人非圣贤，孰能无过？青少年思想幼稚，往往会因为一时是非不分、认识糊涂而干了错事，这在所难免。做师长的此时应该宽大为怀，容许他们犯错误，并帮助他们改正错误，引导他们以此为戒。为师者切忌只图一时痛快、一时轻巧，对其一棍子打死。这一推或一拉，也许就让人下地狱或是上天堂。另外，"柔风攻心"这一招还启示我们：做思想工作要以攻心为上，攻心要柔风细雨、深入细致。"心"要是攻下来了，塑造美好心灵的工作才有可能做好。

需要强调的是，学生想通过不正当的手段让自己的成绩一鸣惊人是必须要批评的。这个案例中的主人公是小学六年级的孩子，而且是女生，这样的情况，是这位老师采取这样处理方法的前提。我们不能机械模仿，更不能照搬。

>>> 69. 这位班主任竟然认"贼"为女

 情景故事

　　这年秋季开学后的第一周，班长就向隆老师反映了教室里有人偷东西的问题，当时隆老师并没在意。可是，一连两个星期，教室里、寝室里都丢失了一定数量的小东西。隆老师正在思考怎样去调查时，一个学生暗地打小报告：班上刚转来的任娜琴在原来的学校就有偷东西的行为，一次在偷同学兜里的钱时还被同学逮到，很多知根知底的学生都习惯叫她的绰号"任拿钱"。一个丢失东西的同学曾在她的箱子里找到了丢失的东西——一块橡皮擦和一支钢笔，可谓是物证齐全，因此她那难听的绰号在原来的学校里一下就传开了。隆老师找她谈话，她对所犯的错误供认不讳，问她为什么要选择偷时，她哭了，而且哭得那么伤心……

　　正当隆老师思考怎样处理这件事时，寝室的室长又来报告：与她搭铺的任小芳决定不再与她搭铺了，原因是任娜琴不讲卫生，不爱洗澡，衣服和头上都有虱子，而且还有尿床的毛病，再加上她又有"小偷小摸"的行为，同学们都不愿意和她交往了。

　　此时此刻，隆老师该怎么办呀？

　　这 样 做

　　贵州省铜仁市印江县杉树乡何家小学的隆腾渊老师是这样做的。

　　隆老师经过思考后，决定还是从了解任娜琴的家庭情况入手。于是与她原来的班主任老师通了电话，得知：她的父亲在三年前外出后至今杳无音信，母亲去广东打工了。家里的三姊妹都是随 70 高龄的爷爷过日子。爷爷没有钱给她买学习用品，她时常从同学那里偷拿一些学习用品。于是，同学们对她喊起了"任拿钱"的绰号。

了解情况后，隆老师深知任娜琴的偷窃行为事出有因，同时，也认识到事情的严重性，当即决定要尽最大的努力，教育、挽救这个特殊的学生。当天晚上，隆老师就让任娜琴住到自己的家里，让自己比她大一岁的女儿与她一起洗澡，让爱人为她购药治虱，给她梳头和洗衣服，让她与自己全家人共同生活，还适当为她添置了一些学习用品和衣物，使她感受到有人关爱的温暖。

隆老师还向班上的同学公布一条消息：隆老师要认任娜琴作"干女儿"。当时，有好多同学并不理解隆老师的良苦用心，更有的学生说"只听说过有'认贼作父'的，从没听说过'任贼为女'的事"。其实，隆老师并不需要认一个"干女儿"来充实和调节自己的家庭生活，由于乡村教师的工作繁忙，连自己的女儿也常常无心照顾，隆老师只是希望这样做能温暖、抚慰她一颗幼稚而又受到过创伤的心灵，让她不再受到任何伤害，使她健康、快乐地成长。

这样一来，由于有隆老师给她"撑腰"，曾经嘲笑她的、乱叫绰号的、不愿意和她交往的同学都相继成了她的好朋友。她在学校里仿佛变了一个人似的，特别是学习积极性有所提高。在短短的一个学期内，她就从一个典型的后进生转变成了一名"双优生"。

 点 评

隆老师的案例再次证明，"爱，是教育成功的万能钥匙"。教育事业就是爱的事业，对学生的爱，是大爱，是仁者之爱。

在社会中每个人都要扮演多种社会角色，每一个角色都有不同的权利与义务。"教师是太阳底下最神圣的职业"，之所以"神圣"是因为教师不仅是"经师"，更是"人师"。做"经师"易，做"人师"难，若将两种角色扮演好更难。做"人师"所付出的劳动是无形的、非功利的，无法用工作量、工资待遇来衡量的，这也是教师这一职业与其他职业最大的区别。只有爱才能唤醒学生所有沉睡的潜能，只有爱才能激发学生的进取意识，只有教师有爱的灵魂才能培养学生爱的灵魂。

>>> 70. 两个后进生为争夺一个足球又打起架来

 情景故事

某班两个后进生已有一段时间未打架了。班主任心里很高兴。谁承想，好景不长，为了争夺一个足球两人再次互不相让，最后挥拳而上，又打起架来。打着打着，他们便扭在一起去找班主任评理。

如果你是班主任，你怎么分析这个问题，打算怎样做工作？

这 样 做

这位班主任是这样做的。

看到两个扭在一起的学生气冲冲地来到办公室，这位班主任没有生气，而是笑眯眯地让他们坐下来。他们不解地看着班主任。

班主任不紧不慢地说："我要表扬你们两个人。"这两个学生听后更是丈二和尚摸不着头脑了，也不再是怒发冲冠的样子了。班主任说："为什么要表扬你们呢？第一，你们很长时间没有打架了；第二，这次争的是足球，说明开始有了正当爱好；第三，这次打架没有让事态恶化，而是找班主任评理，说明你们愿意服从真理。"这两个学生低下头，不好意思地笑了笑。

然后，班主任启发他们多做自我批评，实现自己教育自己。

一场风波就这样平息了。

点 评

这位班主任处理两个后进生打架的案例给我们这样的启示：第一，要深入了解后进生的心理特点；第二，要善于捕捉积极因素，特别是后进生的点滴进步，予以表扬；第三，要创造转化的各种条件，促其转化。这也涉及偶发事件的处理方法，主要方法有三步：第一步，调查研究，掌握全过程；第二步，分析原因，弄清实质；第三步，慎重处理，以理服人。

孩子犯错误，上帝都会原谅。"赏识导致成功，抱怨导致失败。"对后进生也可以说"表扬导致转变，斥责导致失败"。班主任要摘掉"有色眼镜"，热忱地认真地去发现、挖掘、寻觅后进生身上的优点、长处和进步，哪怕是点点滴滴的优点、长处和进步。看见优点就表扬，发现长处就扶持，有了进步就鼓励。越是对于调皮后进的学生，班主任越是要努力挖掘、捕捉他们身上的闪光点和积极因素，让他们感受到来自教师的温暖和关怀，让他们体会到努力而得到的成就感，这样更有助于他们更快更好地转变。

对后进生的批评，班主任能否做到"绿色"是值得研究和探讨的课题。教师对后进生少一些声色俱厉的批评，少一些急风暴雨的斥责，批评可以委婉一些，可以温馨一点，可以低声细语，也可以幽默一些。

>>> 71. "神仙都无法教好"的学生

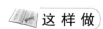

情景故事

黄老师热爱班主任工作，一直在做初中班主任，很有经验。可是今年，却遇到了两位"大仙"，黄老师想尽办法转变两位"大仙"都不见起色，这两个学生实在太特殊了。

学生一：刘亦非，表现：出奇好动、好说、好表现、好追女生，无时无刻不在惹是生非。不仅在本班惹事，还追其他班级女生。黄老师与他家长交流后得知，刘亦非小学六年级就曾多次看过黄色录像。黄老师使用过的方法有：交流鼓励法、正面引导封官法、孤立法、一对一帮扶法、每日汇报法，共计五种方法。结果呢？涛声依旧。黄老师还为他写了成长日记，都写半本子了。

学生二：董智明，表现：出奇好动、好说，上课爱接话茬，经常把课堂搞得乌烟瘴气。

黄老师对他使用过的方法：让他为班级服务，在班上树立他的正面形象；请同桌监督他；让他做语文科代表；一天与他交谈好几次。结果：董智明还是无法控制自己。

这两个学生上小学时，他们的小学老师们就声称"神仙都无法把他们教好"。

现在能想的办法，黄老师都想了，怎么做都不行。黄老师下一步该怎么办？

这样做

给黄老师的建议如下：

第一，对症下药。改变刘亦非用了五种方法，改变董智明用了四种方法，方法是不是太多了？打一枪换一个地方，这种方法刚刚采用，没有收到立竿见影的效果，于是马上又换另外一种方法。频频使用新的方法，就难以奏效。建议黄老师深入思考分析这两个学生的特点，选择最适用、适当的方法，一竿子插到底。

第二，想办法调动这两个孩子的内驱力，让他们自己管理自己。

第三，想办法发挥这两个孩子家长的教育作用，让家校形成合力。

第四，黄老师为刘亦非写了成长日记，都写半本子了——这个方法好！有位知名班主任吴樱花，为一个学生写了三年教育随笔，后来出版了一本书——《孩子，我看着你长大》，产生了很大影响。这两个孩子既然是班级的"重量级"人物，那么也必然有值得研究的地方。其实，工作能力就是在改变这样的孩子的过程中提高的。换个角度说，这两个孩子也是财富，是难得的财富。我们转变了他们，会产生成就感。

黄老师要信心百倍地把这两个孩子教育好。既然有人说"神仙都无法把他们教好"，那黄老师就用事实来证明自己就是"神仙"，神仙无法教的，到你手中都能变好！！

第五，建议读一读钟杰的《教育西游记——我和"后进生"的故事》。这本书专门谈转变后进生的教育故事，非常生动，很好看。

 点 评

对特殊学生的转化，第一，要有信心。有信心，才能有智慧，才能有百折不挠的毅力。第二，既然学生特殊，就要采用特殊的方法。方法不在多，而在于能否打动特殊学生的心灵，引起他们心灵的震撼。

>>> **72. 他竟然有吸毒的朋友**

情景故事

那一年，李老师担任八年级五班的班主任，校领导分配给班里一名留级生，是全校最出名的后进生，叫杨军。李老师想，这个学生最缺少的是尊重、理解、信任和关爱，因此从杨军进班那时起，她就要求自己无论在什么情况下，都努力做到不冲动、不指责、不训斥，坚持用微笑的表情、信任的目光、热情的态度对待他，用积极的语言鼓励他，尽自己所能帮助他，让他感受到爱。虽然李老师的家离学校很近，但从杨军进班那天起，李老师中午就没有回过家，主动接近他，聊他感兴趣的事，及时肯定他的优点，适度提出希望，尽量不说缺点。

一天下午已经上课了，李老师发现杨军站在校门口四处张望，她没有指责而是走近他，关心地问："杨军，怎么没去上课？""我有点儿急事。""比上课还重要吗？""重要！""需要我帮忙吗？""不需要。""好吧，办完马上去上课！"李老师话音刚落，杨军出人意料地跑回教室上课了。放学后，杨军主动来到办公室说："老师，今天中午，我的一个哥们儿吸毒死了，他妈妈太可怜了，我想找熟人借 100 块钱给他妈妈，没有按时上课。"

这样做

天津市第四十七中学的李微老师是这样做的。

李老师很震惊，以前只知道杨军打架骂街，花钱无度，经常旷课去网吧、酒吧等，还不知道他与吸毒的人交朋友。李老师想，虽然他与吸毒的人交朋友不好，但怜悯之心还是有的，李老师决定以此为切入点去转变他。

李老师抑制住震惊的情绪，诚恳地说："谢谢你对老师的信任，把实情告诉我。你接触过毒品吗？"他赶紧回答说："没有！"李老师又问："现在你有什么想法?"他低着头小声地回答:"我见到毒品真的害死了人,很害怕。"李老师心里安定了一些,说:"这样吧,老师给你100块钱,了了你的心愿。从此以后,不要再和吸毒的人来往,要远离毒品,遇到问题同家长或老师一起商量解决,能做到吗?"杨军听了,既意外又感激,连忙说:"谢谢老师,以后我一定把钱还给您。我一定按您的话去做。"

第二天,李老师找到杨军,商量下周一召开主题班会"我谈交友"的事情,请他结合亲身经历谈谈体会,杨军高兴地答应了。他的发言情真意切,打动了同学的心,让全班同学受到了教育,赢得了长时间的热烈掌声。

这以后,杨军和李老师亲近多了,有什么话都跟李老师说,把李老师当成了知心人。李老师也日复一日不厌其烦地对杨军说:"你能行,你很聪明,只要努力,就一定大有作为。"杨军的积极性越来越高,真的像变了一个人:在支援甘肃灾区的募捐活动中,他中午没吃饭,去买棉衣,往返三次抱着棉衣送回学校,累得满头大汗,最后他一个人捐献了41件棉衣,是全校学生中捐的最多的;运动会上,他买了5大桶矿泉水供同学们喝;国庆节前,他劝母亲退掉了去沈阳旅游的机票,在家复习功课,他的学习成绩有了明显提高。

以前人见人烦的杨军变得人见人夸了。

点 评

学生竟然与吸毒者交朋友,这是个让人震惊的事情。而李老师"不放弃、不抛弃",不仅没有拒之于千里之外,反而亲近他、接近他、关心他、信任他,竟然还掏钱给他,让他去帮助吸毒朋友的母亲。这需要多大的勇气呀!李老师有这个勇气,源于她有一颗大爱之心。有这种大爱之心,我们还能拒绝任何后进生吗?这样的学生都能够成功转化,那么还有什么样的后进生不能转化呢?

第五辑　师爱不言放弃

呵护学生的心灵，为孩子支撑起一片蔚蓝的天空，让每个孩子都沐浴到爱的阳光是班主任的神圣职责。

>>> **73. 他把老师送的肉菜倒进了泔水缸**

情景故事

一天中午，门老师去教工食堂吃饭。路过学生餐厅时，发现班里的一名学生正蹲在地上吃饭，碗里只有几根咸菜。他吃得津津有味，完全忘记了周围的一切，沉浸在自己的世界里。

这样做

门老师知道这个学生的父亲因病去世，母亲又下了岗，还有一个正在读大学的姐姐，因此他的生活很艰苦。于是，门老师买了一份瘦肉丝，悄悄走到他面前，用筷子拨进他的碗里。

事情的结果让门老师一下子懵了。只见，这个学生吃惊地看了看门老师，仿佛从梦中惊醒一般，停止了咀嚼，接着站了起来，怔怔地盯着碗里的瘦肉丝。突然，他快步走到泔水缸前，把碗里的瘦肉丝连同剩下的饭一起倒进了泔水缸里，然后头也不回地离开了餐厅。

这一切被周围的同学看得清清楚楚，门老师尴尬至极。

点评

门老师是好心办了坏事。第一，她不该想当然地进行施舍式的帮助。这个学生对自身的家庭经济状况并没有感到难堪，更不祈求别人帮助。第二，门老师不该在大庭广众之下给孩子添菜，虽然是"悄悄"地。第三，门老师不该在这个学生尽管"碗里只有几根咸菜"，却"吃得津津有味，完全忘记了周围的一切，沉浸在自己的世界里"之际，打扰学生。

门老师应该设身处地从学生的角度看问题，要分析学生的心理。对生活困难的学生，有的需要物质帮助，有的需要精神激励……这也要因人而异。对这个学生而言，显然，应该实施精神激励，进一步激发学生的自立、自强、自尊意识。

培养学生的自尊心是非常必要的。英国作家毛姆说："自尊心是一种美德，是促使一个人不断向上发展的一种原动力。"俄国作家别林斯基说："自尊心是一个人灵魂中的伟大杠杆。"苏霍姆林斯基明确告诫我们："在影响学生的内心世界时，不应挫败他们心灵中最敏感的一个角落——人的自尊心。"

我们应更加小心翼翼地保护学生的自尊心，下大力气培养学生的自尊心。

苏霍姆林斯基有这样几句名言值得班主任认真学习——

"每个孩子在思想、观点、情感、感受、快乐、不安、悲伤、忧虑等方面都是一个独特的世界。教师应当认清并熟悉自己学生的这个精神世界……"

"应当了解孩子的长处和弱点，理解他的思想和内心感受，小心翼翼地去接触他的心灵。了解孩子——这是教育学的理论和实践的最主要的接合点，是对学校集体进行教育领导的各条线索的集结点。全体教师在领导教育和教学过程中行动上的一致，使教师形成一个统一体的那些教育信念——所有这一切，只有当全体教师都努力去了解儿童时，才可能实现。"

>>> **74. 老师第一次进班，竟被浇成落汤鸡**

情景故事

这年九月初，刘老师新接了一个班级，一个顽皮生多、纪律涣散、让人头疼的班级。这个班曾有过一个学年更换三个班主任的历史。刘老师是位经验丰富的优秀班主任，有信心让这个班级旧貌换新颜。第一次进班，上课铃响，刘老师拿着教案快步走向教室。教室的门虚掩着，刘老师不假思索地随手推门而进。"哗"的一声，门上掉下一个塑料水袋，里面的水全倒在了刘老师的身上。水从头上、衣服上流了下来……

看着瞬间变成落汤鸡的刘老师，全班学生哄堂大笑。

刘老师怎样摆脱困境呢？

这样做

起初，广东省清远市佛冈县石角镇中心小学的刘雪颜老师狼狈不堪，不禁怒发冲冠，心想自己当班主任近20年，还从没有受到过这样的"礼遇"。这个班级人见人躲，自己满腔热情走马上任，学生竟敢给自己来个下马威。真想大骂一顿，杀杀他们的威风。

可是，刘老师抬眼一看，班里的几个调皮鬼正嬉皮笑脸，等着看刘老师大发雷霆的样子。刘老师忽然冷静下了，慢慢地擦掉头发上、脸上、身上的水，神情自若地走上讲台，笑着说："今天是泼水节吗？"看到刘老师一脸轻松的样子，教室里的气氛缓和了许多。

扫视全班后，刘老师边打喷嚏边说："要想和老师较量，就得好好学习。你们是我的学生，我是不会放弃你们的！记住，这样特殊的'泼水节'过一次就够了。"刘老师看见，那几个调皮鬼红着脸低下了头。

点 评

　　这样的恶作剧是对班主任权威的挑战，是对班主任人格修养的检测，更是对班主任的工作艺术、教育机智的考验。如果班主任不堪"侮辱"，或是火冒三丈，暴跳如雷，或是严整纪律，不找出肇事者誓不罢休……那就正中始作俑者的下怀，无形中增加了他们的威信。

　　其实，搞恶作剧者不是十恶不赦的、罪不容赦的，他们往往是出于淘气、出于好奇、出于对师道尊严的逆反而为之的。刘老师掌握了这个心理，所以能够巧妙地化解尴尬。

　　要注意在这个案例中，刘老师的"冷静"、"神情自若"，还有刘老师刚柔相济的几句话，都是几十年间修心养德的结晶。

>>> 75. 第一次来上课，就被"捣蛋分子"叫起了外号

情景故事

在一所学校，有一位姓黄的老师。他身材不高，不大的脑袋上几乎寸草不生，由于声音轻柔，加上穿着老里老气，四十来岁的年纪，怎么看都像是个小老头。刚来学校，便被"捣蛋分子"美其名曰"小头脑"，并迅速在校内传播，"小头脑"因此声名鹊起。

五年级五班，有大名鼎鼎的"四大天王"，在捣蛋方面技高一筹。其中的黄志新（化名）更是"调皮大王"，遇到新老师，他总要先下手为强，给新老师一些"颜色"瞧瞧。这不，黄老师第一次来上课，刚踏进教室，黄志新就叫起了黄老师的绰号"小头脑"，声音大得足以让所有的人都听到，全班同学哄然大笑，目光全都注视着黄老师。

第一次上课，就遇到这样的挑战，黄老师怎么做才能摆脱尴尬？

这样做

黄老师是这样做的。

他没有生气，反而平静地看了看黄志新，接着竟然微笑着摸摸自己的头，说："形容还挺贴切的。"大家又哄地笑了起来。突然，黄老师眼神变得闪亮了，盯着黄志新："黄志新，咱俩最有缘分了。"顿时，班上寂静了。

黄志新第一个忍不住了："咱俩有什么缘分呀！八匹马拉不到一块。"黄老师却严肃起来："你不认账可不行！咱俩可是一家子呀！"黄志新急了："不可能。我们怎么可能是一家子呢！你的脑袋多小呀，我的头比你的大一半呢。"大家笑了，黄老师也笑了，而且无比开心地说："咱们是动画片里的主角呢，在里面演的就是一家人呀！大家猜猜。"这时，大家恍然大悟，纷纷说："对！对！大头儿子和小头爸爸是一家人。"

黄志新脸上挂不住了，刚想开口说话，黄老师却严肃地说："黄志新，跟老师一家子绝对不赖。你难道还不乐意？"黄志新无话可说了，黄老师笑着说："以后咱就一家子了，有空我到你家串门去。"刚说完，马上又严肃起来："以后可要表现好，别给咱一家子丢脸。"黄志新脸红红的，神情也变得害羞起来。

别说，从这以后，黄志新跟换了个人似的，表现好了，还当上了班干部。

 点 评

这是多么精彩的一个教育案例呀！

这里有两个变化：其一，全班同学哄然大笑——大家又哄地笑了起来——顿时，班上寂静了——黄志新第一个忍不住了——黄志新急了——黄志新脸上挂不住了——黄志新无话可说了——黄志新脸红红的，神情也变得害羞起来。其二，其中的黄志新更是"调皮大王"——从这以后，黄志新跟换了个人似的，表现好了，还当上了班干部。

这样两个前后天壤之别的变化，预示这里有生动的故事和丰富的教育意义。

黄老师面对的是那样令人尴尬的局面，但很快就让全班寂静了，让大家心想：黄老师和黄志新认识？要不，第一次见面，黄老师怎么能叫出他的名字？而且还说跟他有缘分？让黄志新丈二和尚摸不着头脑了，由"春风得意"到处处被动，由天不怕地不怕到最后竟然"害羞起来"。"害群之马"，后来变成好学生。黄老师确实有大智慧，他启示我们跟学生要斗智，不能斗狠。后进生给老师难堪，就是哗众取宠，让人哄笑，而黄老师采用了"一家人"效应，巧妙地"化干戈为玉帛"。这就是教育机智。

>>> **76. 接班第一天，学生却哭成一片**

情景故事

市级优秀班主任杨老师在小学工作了40年，要退休了。接杨老师班的是她的徒弟小李老师。这个班是优秀班集体，小李老师决心带好这个班，给自己的师傅交一份满意的答卷。

这天，上课铃声刚刚响过，小李老师就陪同杨老师走进教室。全班同学感到诧异。杨老师说："孩子们，我要退休了，今天来和你们告别。李老师生气勃勃，是位优秀的青年教师，是值得你们信赖的大姐姐。我相信在李老师和同学们的努力下，我们班会越来越好！同学们，再见了！我永远爱你们！"杨老师眼含热泪离开了教室。

李老师凝视着全班，看孩子们一张张稚嫩的小脸、一双双明亮的眼睛，心里充满了喜悦。李老师开始讲自己的一些想法，可是，讲台下面发出一阵阵抽泣声，渐渐地，抽泣声越来越大，后来竟然充满了整个教室。全班同学都低下头，哭着。

显然，这哭声表达了学生对杨老师的敬意与热爱之情，表达了对杨老师的眷念与挽留之情，也表达了对新班主任的抵触情绪。

面对一片抽泣声，面对全班学生的抵触情绪，李老师应该怎么办？

这样做

李老师站在讲台上略微思索了一下，轻声说："同学们，大家不舍得杨老师走，留恋杨老师，想挽留杨老师，你们真是有情有义、尊敬师长的好孩子！"这时，有一部分学生抬起头来。

李老师接着说："同学们，杨老师是位优秀的老师、经验丰富的老师。作为她的徒弟，我也希望她留在岗位上，我好好向她学习。可是，你们知道吗？杨老师已经超过退休年龄五年了，重病缠身，应该让她休息休养了。同学们，你们说对不对？"又有一部分学生抬起了头，啜泣声小了许多。

李老师趁热打铁，深情地说："同学们，我们班是优秀班集体。大家是优秀学生。我有信心接过杨老师的火炬，像杨老师那样爱你们，像杨老师那样爱我们班，像杨老师那样兢兢业业地工作。让我们携手并肩向前进!"全班学生都抬起头来，啜泣声无声无息，而双双眼睛更加明亮!

李老师心里笑了!

 点 评

这是一张特殊的试卷，要求答卷者立即给出答案。

新班主任信心百倍上任，但是接班第一天，学生却是哭声一片。如果这时新班主任心生怨气，脸现不快之色，就会在学生心中留下阴霾，今后师生感情融洽、和睦相处的愿望很难实现。新班主任必须给学生呈上一份满意的答卷。

李老师在"情感"二字上大做文章，值得借鉴。首先，肯定孩子们有情有义、尊敬师长，安抚了学生的心；其次，进而告诉学生杨老师已经超过退休年龄五年了，重病缠身，应该让她休息休养了，赢得学生的理解；再次，向学生表示决心，让学生对班级的未来充满信心。

新班主任会遇到形形色色的问题，我们应该像李老师这样开动脑筋，巧妙应对。

>>> **77. 学生都不想坐独座**

情景故事

开学了，又要给孩子们安排座位了。这个班49个学生，这就意味着有一名学生要单独坐。班主任宁老师反复思考，想到张彤学习认真、听话懂事，让人放心，于是就安排张彤坐独座。

过了两个星期，一天课间，张彤对宁老师说："老师，我不想一个人坐。"宁老师奇怪地问："为什么呀？"张彤低着头，默不作声。宁老师说："班里必须有一名学生坐单座，老师是信任你，才安排你单独坐的。"孩子回答说："老师，我知道您信任我。可是我一个人坐很难受。平时没有人和我讨论问题，没有人和我互背课文。上音乐课，老师让同桌互相拍打节奏，我只好对墙拍。"说着说着，张彤哭了起来。

宁老师的心被震动了，负疚地对张彤说："对不起。"

宁老师的心为什么震动了？为什么要对学生道歉？这件事怎么处理才好？

这样做

宁老师本以为自己考虑得很周全，其实忽略了最重要的一方面——孩子的内心感受，所以被震动了。宁老师为自己的粗心而道歉。

第二天，宁老师郑重地对全班学生宣布："法院最高级的法官叫首席法官，乐队里最好的乐手叫首席乐手，新闻界最好的记者叫首席记者。这张座位在最前排，老师给它命名'首席座位'。谁表现出色，谁就有资格坐在这儿，享有和老师一起读课文、讨论问题的待遇。张彤同学品学兼优，是不是应该成为首席座位的第一个主人？""应该！"全班同学异口同声响亮地答道。

在同学们羡慕的目光中，张彤带着灿烂的笑容坐到了"首席座位"上。

后来，"首席座位"成了全班同学最向往的地方，也成了宁老师调动孩子积极性的"法宝"。半个学期下来，几乎每个学生都单独坐过这个座位，但他们感受到的是自豪和快乐，而不再是孤独和自卑。

 点　评

这个案例生动地告诉我们，班主任的一言一行都会影响到学生的情绪，触及孩子的心灵。班主任在工作中要小心翼翼，务必尊重学生，务必要注意孩子的内心感受。

一个座位确实是微乎其微的小事，可这样的小事往往会带给学生心灵的震颤，会牵扯班主任的精力，会给学生和班主任带来许多困惑。处理不当，甚至会造成师生之间的隔阂，有时，这样的小事也会变成棘手的难题。

处理这类小事，一则需要尊重，要设身处地地考虑到学生的感受；二则需要细心，不能粗心大意，要认真观察，发现问题及时解决；三则需要讲求工作艺术。案例中的宁老师，后来设置了"首席座位"，成了调动学生积极性的"法宝"，巧妙地解决了问题。艺术性是班主任时时、刻刻、处处都不能忘记的工作"法宝"。

>>> 78. 学生在课桌上张贴明星小画片

情景故事

张老师是九年级的班主任，最近发现学生悄悄地在课桌上张贴明星小画片，有几张桌子桌面明星"云集"，且有各种贴法：斜着的、横着的、三角形或圆形排练的，等等，一些椅子靠背上也被贴得五彩缤纷。

张老师看了之后，内心五味杂陈。她想，学生是长大了，学会追星了，学会打扮自己了，追求另类与刺激，但是学习的思想放松了，班级的文化氛围被破坏了。这种令人担忧的情况大有蔓延之势，怎么办呢？

这样做

江苏省盐城市鞍湖实验学校的张松元老师是这样做的。

张老师首先仔细分析了这种现象产生的原因：这主要是九年级学生心里空虚，精神缺位，追星弥补了他们的心理与精神的需求。学生们借追星聊以慰藉自己孤单的心灵空间，这正是他们努力追求自己被人关注的心理体现。九年级学生已经从喜欢动画片的少年时期发展到模仿成年人世界的青春期，学生展现自我、表达自我的愿望更加强烈。

张老师认识到，此时最关键的是要进行正确的引导，使学生旺盛的精力用于学习与积极兴趣、良好习惯的养成。

张老师知道，九年级毕业班的学生更需要良好的学习氛围与精神熏陶，而自己却忽视了学生的课桌文化。课桌与学生朝夕相处，课桌上本来一片空白，学生出于本性，不免会将它们装饰一番，出现各种课桌文化现象就不足为奇了。张老师清楚：要打造班级文化，创建书香班级，不仅要从整体上考虑，做足班级文化的大文章，更要关注班级文化的小细节。课桌文化是班级文化的重要组成部分，不该成为盲点。

张老师想，如何打造适宜、积极、健康的课桌文化呢？

首先，召开主题班会，认识课桌的意义。于是张老师召开了一次以"我的课桌我做主"为主题的班会，让学生认识课桌是自己的朋友、助手和监督者；又布置一次全班性的铲除课桌落后文化的"雷霆行动"，擦去课桌污渍，铲去明星画片。

其次，给课桌取名，张扬个性风采，起到自我勉励的作用。学生针对即将参加中考的现状，为自己的课桌取名，或告诫自己努力复习，取名为"闻鸡起舞桌"、"天道酬勤桌"，或告诫自己要从失败中崛起，取名为"卧薪尝胆桌"、"破釜沉舟桌"，或勉励自己学习，树立必胜的信心，取名为"学习必胜桌"、"马到成功桌"、"精益求精桌"……张老师帮助学生用彩纸打印课桌名字，贴在课桌中间，让学生在名字的下方，用纸条写上自己的座右铭。这样课桌不仅成为学生的学习桌，更成为学生的激励桌、人格的塑造桌、友谊的见证桌。

再次，定期开展课桌评比活动，实现自主管理。一周举办一次优胜桌评比活动，并对优胜桌的主人进行精神和物质奖励。

 点 评

案例中的张老师在课桌上开展文化活动，采用了三个步骤，很巧妙、很科学，值得借鉴。给课桌起名，一个小小的细节，走进了学生的内心世界。一个个课桌的名字，就像一面面小红旗，展示着学生蓬勃的朝气，为同学们鼓劲加油。课桌文化也可以搞得红红火火，班级建设大有文章可做。

这个案例涉及班级文化建设。班级文化主要指班级内部形成的具有一定特色的思想观念和行为规范的总和，是一个班级内在素质和外在形象的集中体现。班级文化的主要内容是班级形象、班级精神、班级凝聚力、班级目标、班级制度、团队意识、班级文化活动等。班级文化的核心是班级精神和价值取向。

班级文化可分为"硬文化"和"软文化"。所谓硬文化，是一种"显性文化"，可以摸得着、看得见的环境文化，也就是物质文化，比如，教室的布局，教室墙壁的美化，悬挂在教室前面的班训、班风等醒目图案和标语，等等。软文化，则是一种"隐性文化"，包括制度文化、观念文化和行为文化。制度文化包括各种班级规范，构成一个制度化的文化环境；观念文化则是关于班级、学生、社会、人生、世界、价值的种种观念，这些观念弥漫在班级的各个角落，潜移默化地影响着学生；因制度和观念等引发出来，从学生身上表现出来的言谈举止和精神面貌，则是行为文化。

值得欣喜的是，越来越多的班主任已经投入班级文化建设的实践之中，更有一些班主任把班级文化建设作为研究的课题，以班级文化为主题的专著已经摆上了班主任的书桌。

>>> 79. 收看《新闻联播》难道要夭折?

情景故事

学校规定每晚7点由班主任组织学生收看《新闻联播》。班主任李老师发现，一开始学生们还比较兴奋，都抬头观看。可是，过了十分钟左右，一名学生把教室中间的一排灯打开了；又过了几分钟，又有一名学生打开了一排灯。李老师观察后发现，有大约三分之二的学生开始低头写作业，剩下三分之一的学生也只是在漫不经心地看电视。

学生第一次收看《新闻联播》就这样在"流于形式"中结束了。

李老师心里很不平静，学校规定收看《新闻联播》对学生的成长是非常有益的，难道每晚半小时的时间就这样付诸东流吗?

这样做

山东省莱州市程郭镇中学班主任李永花老师是这样做的。

第二天上课时，学生又出现了农村寄宿学校常有的问题——发音不正确，方言太重……李老师灵机一动，问："谁知道昨晚中央电视台《新闻联播》节目的主持人是哪两位?"全班没有一个同学能回答出来。李老师接着问："主持人说的话，我们能听懂吗?"全班同学异口同声喊道："能!"李老师借机说："人与人之间的交流主要是通过语言进行的，我们说话就是让对方听懂，这样双方才能进行有效沟通。同学们将来毕业后找工作都要经过面试这一关，要用语言与招聘官对话。不管你有多优秀，都需要用语言表达出来。如果你说完话后，招聘官什么也没听清，不等于白说了吗?《新闻联播》主持人会说一口流利的普通话。所以我提议，从今晚开始，我和同学们一起看新闻，一起跟着学说普通话，课堂上我们争取人人都说普通话，看看谁的进步大。"

一个月后的一次班会上，李老师让学生分小组交流看《新闻联播》以来的发现与体会。以学普通话为由头让学生看新闻，学生们了解了《新闻联播》有哪些主持人，感受到了主持人的风采，还观察到了"礼仪"问题和"民生"问题。李老师借机又和学生探讨了听课应该怎样坐着，怎样站起来回答问题，回家和父母、在校和同学怎样相处等问题。这纯粹是意外收获。

后来，李老师又推出了两项举措：第一，每天夕会五分钟，学生轮流值日，以《新闻联播》的方式登台报道《校园新闻》，其他同学可以对此进行评论；第二，每周一班会时间，由值日班长以《新闻联播》的方式，把同学在各项活动中的表现进行综合通报，指出下周努力的方向，同时推出一个上周的好新闻，整理存档，为期末评选最具影响力的"十大新闻"做好准备。

两个月后，学生上课回答问题的声音洪亮了，全部用了普通话，和老师说话很有礼貌；听课坐姿端正，仪表整洁。

学期结束时，李老师带的班的一个学生在全市"我爱我班"演讲比赛中获得全市第一名，班级获得了学校颁发的"看新闻，学新闻"优秀班级和"学习优胜班级"等荣誉称号。

李老师在寒假里布置任务给学生——继续跟着主持人天天学说普通话，把自己看到的好新闻和体会及时发表在 QQ 空间里与同学们分享；把假期里自己的所见所闻所想也发表在 QQ 空间里与其他同学进行交流；假期末以《我与＜新闻联播＞的故事》为题，写一篇不少于 1200 字的征文，开学后在全班进行交流。从学生们讨论的话题和见解中可以看出，他们正在走向生活，步入社会，从一个自然人逐渐变成一个社会人。

 点 评

为了让学生了解天下事，关心天下大事，很多学校都要求班主任组织学生收看《新闻联播》，可是，学生对此的积极性不高，这样有意义的活动很多往往流于形式了。这是一个普遍存在的问题。

　　这个案例中的李老师的探索值得借鉴。李老师将收看《新闻联播》的事情做得有声有色，一举多得。这也显示了教育工作者的功力。其实，这件事同其他事情一样，都可以大做文章，都可以在探索中提升自己的工作能力和水平。

　　李老师将收看《新闻联播》和学科学习有机结合起来，让学生的综合素质得以提升，更可贵的是，李老师还把这项活动延伸到了假期。

　　班主任工作常做常新，我们要做德育工作的有心人。

>>> 80. 家长要找学校"算账"

情景故事

学校运动会上一个学生在男子100米决赛中扭伤了踝关节，住了院，家长十分恼火，要找学校"算账"。

班主任闻讯后十分焦急，心想这该怎么办？

这样做

这位班主任起初想按照《校园安全事故责任认定办法》的规定，告诉家长，学校可以不承担医药费，但又想，那样做的话，家长可能会"胡搅蛮缠"，领导也会因为自己没有"搞定家长"而迁怒于自己，以后可就寸步难行了。于是，这位班主任选择了"爱心感动法"，每天下班后无论多累都要到医院去看望受伤男生，甚至发动妻子，让她炖鸽子汤、排骨汤，然后送到医院，还安排漂亮女生每天放学后给他补课。

这一招果然有效，家长再也"没好意思"找学校"算账"。这位班主任的"爱心感动法"也因此多次被校长在各种场合传播，似乎这已经是"专业"最佳表现了。

点评

其实，这不是班主任的"专业"表现，充其量是"妈妈般的爱"，妈妈就是妈妈，班主任就是班主任。班主任工作停留在"爱"上，这是一种政治思维，太多的宣传和师德宣讲让班主任的"专业"变得太"妈妈化"了。而且，这位班主任的本意是要"搞定"家长，为自己赢得师德高分。这样的做法不足取。

那么，班主任究竟应该怎么做呢？一定要符合班主任专业化的要求。第一，教育学生在运动会活动中做好自我保护，什么准备动作啦，运动中的技巧啦，都要做好介绍。这次学生"扭伤"不去寻找原因，下次学生还会"扭伤"。第二，班主任要教育学生勇于面对挫折，还要教育其他学生勇于面对困难，这是班主任的职责范畴。第三，要向家长宣传《校园安全事故责任认定办法》，这是班主任的社会职责，文明社会的重要标志是法制意识，而不是迁就"一搅三分理"。

个别家长素质不高，遇事常常找学校、找老师的麻烦，甚至胡搅蛮缠，横竖不讲理，没理也要讲三分，给我们的工作造成很大的困难。对此，我们不要一味妥协退让，要理直气壮地据理力争，拿起法律的武器，维护学校和老师的权益。

>>> **81. 一个苹果根治了互骂顽症**

有一个小学三年级的班级，课间，同学之间你骂我一句，我骂你一句，闹得班级乌烟瘴气，就连同学之间互相借文具，也是不带脏字不开口。老师批评一次，也就好个一天半天的；老师召开一次主题班会，这种互骂现象也只能消停个三两天。

这个学期，换了班主任，新班主任改变了教育方法，竟然彻底根治了互骂顽症。请你想一想这位新班主任用了什么方法？这说明了什么？

这样做

刚接班的班主任不是喋喋不休地讲道理，而是做了一个活动。

第一周周一，这位班主任在讲桌上摆了一个鲜艳的、没有一点伤痕的苹果，说："从今天开始，每当有人说脏话时，就在这苹果上刻一刀。"第一天，苹果身上被刻了一刀又一刀，第二天，第三天……苹果身上伤痕累累。第一周周末临放学前，班主任捧着苹果痛心地说："它原来是一个鲜艳的、没有一点伤痕的苹果啊！可如今被伤害成这个样子。我们每个同学就是一个苹果，一个鲜艳的苹果，我们不应该彼此伤害。"不少学生低下了头。

过了一周，老师又在讲桌上放上一个鲜艳的、没有一点伤痕的苹果。第一天过去了，第二天过去了……到了周末，这个苹果只有寥寥的几个伤痕……

到了第四周，苹果身上没有一点伤痕。

点　评

德国教育家第斯多惠说："教育的艺术不在于传播知识，而在于唤醒、激发和鼓舞。"苏霍姆林斯基说："造成教育青少年困难的最重要的原因在于教育实践在他们的面前以赤裸裸的形式进行，而处于这种年龄期的人按其本性来说是不愿感到有人在教育他们。"现在的青少年存在着"三不"的特点——不迷信宣传，不崇拜权威，不轻易服从。因此，我们更要注意工作艺术。

班主任应该是特殊形式的艺术家。班主任所面临的教育对象千差万别，所面临的教育情境千姿百态，所面向的教育内容千变万化，因而班主任需要成为特殊形式的艺术家。班主任必须根据具体的教育对象、教育情境和教育内容因人而异、因地而异、因时而异，创造出适宜的教育方法。班主任在教育中没有现成的模式可以套用，没有一成不变的方法可以照搬，需要每一位教师用自己的聪明才智去工作。

这则学生互骂的顽症竟然在很短的时间内得以彻底根治的案例，就是班主任工作必须讲究艺术性的最好诠释。

>>> **82. "继母"赢得了信任**

🕐 **情景故事**

文柳英老师班里的小冬是"全能型"学生：学习，成绩数一数二；体育，垒球、跳远、400米都打破过校运会纪录；音乐，钢琴过了八级；电脑，会制作动画，正在学习编程……多才多艺的他，成了全班同学心目中的"神"，同学们对他佩服不已甚至言听计从。

文老师刚刚接手这个班，对学生的情况还不了解，对小冬也没有过多的关注。

一周之后，选拔班干部。同学都提出让小冬当班长和体育委员，小冬大声回应："班长我最不想当，体育委员我也不想当。"文老师宣布他为班长，他没再说什么，却根本不履行责任。后来，文老师发现他不只是对当班干部不在意，而且对班级荣誉也毫不在意。文老师几次找他谈话，效果不佳。

第二周周五，文老师布置了一篇作文题《我最敬佩的一个人》。第三周周一，文老师批改到小冬的作文，发现他最敬佩的人是原来的班主任曹老师。作文用对比的方法，处处拿曹老师和文老师相比，说文老师板书不如曹老师工整，讲课不如曹老师灵活，班主任工作没有曹老师做得出色……全文流露出对文老师这个"继母"指责、控诉的情绪。

文老师该怎样做才能赢得小冬的心呢？

📰 **这 样 做**

文老师一开始十分气愤，很想一把把这篇作文撕掉，但是她冷静下来后，想到人都是有怀旧情结的，小冬不接受初来乍到的自己也是正常的，于是，认真地思考对策。

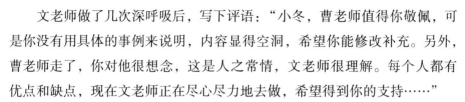

　　文老师做了几次深呼吸后，写下评语："小冬，曹老师值得你敬佩，可是你没有用具体的事例来说明，内容显得空洞，希望你能修改补充。另外，曹老师走了，你对他很想念，这是人之常情，文老师很理解。每个人都有优点和缺点，现在文老师正在尽心尽力地去做，希望得到你的支持……"

　　没有想到，小冬竟然在文老师的评语后面打了好几个大"×"。文老师羞愧难当，她想：自己从教13年，还是第一次碰上如此无礼、桀骜不驯的孩子。怎么办？找他谈话？他本来就反感。训斥？他不会服气。打骂？那是自己无能的表现，而且有悖于职业道德。文老师一时想不出更好的方法。

　　没有想到，文老师的一时沉默，小冬变得变本加厉。他到处讲文老师如何如何不好，没有一点优点；屡屡犯错误，而且根本听不进文老师的批评。最严重的一件事是，在一次考试中，小琪（化名）夺得年级第一名，这让老是年级第一的小冬丢了面子，当小琪没有借书给他时，他狠狠地抽了小琪两个耳光……

　　面对小冬带有叛逆意味的种种挑衅行为，文老师觉得不能再坐视不管了，针对他的抵触情绪，采取了以下几种措施。

　　首先，借助家长的力量。文老师和小冬的家长进行了沟通。小冬的家长严厉地批评了小冬。

　　其次，借助同事、领导的力量。小冬喜欢数学老师黄老师，文老师就请黄老师就做人要虚心、要多发现同学与老师的优点这两方面和他谈心，小冬低下了头。文老师请领导与他谈话，领导和他作了一次促膝长谈，使他认识到自己行为上的偏差。

　　再次，借助班级舆论的力量。在一次班会上，文老师提出一个问题：什么样的人是最受欢迎的人？同学们一致认为，人品好、思想好的人最受欢迎。文老师接着又提出一个问题：哪些行为不受人欢迎？大家把矛头都对准了小冬。文老师最后问同学们，你们认为班上谁最受欢迎？大家异口同声说是小琪。在班集体舆论的压力下，小冬唯我独尊的态度渐渐变了。

　　与此同时，文老师在自身上也狠下功夫。精心设计每一堂课，课前查阅大量资料，力求让课上得更生动活泼。文老师分析自己的长项是写作教学，于是经常开展作文活动，精心批改作文。经过用心辅导，文老师挑选出优秀作文进行投稿，短短两个月内，就在省级以上报刊上发表了五篇学生作文。

小冬不喜欢老师找他谈话，于是文老师发挥自己的长处——写信，给他写了一封长信，语气平静委婉，充满了对他的期望和肯定。

小冬这颗坚冰似的心终于融化了，他走向了文老师，接受了文老师的批评教育。

 点 评

文老师由小冬眼里的"继母"变成了小冬接受的好老师，这里有多少故事，饱含了多少酸甜苦辣。

故事一波三折，跌宕起伏，引人入胜。小冬桀骜不驯，不服管教，油盐不进，根本不讲道理，对班主任有抵触情绪，而且时时处处作对，而文老师十分冷静，不急躁，"不抛弃，不放弃"……这是对师德和教育水平的检测。班主任的水平由此得到提升。

文老师在自身上狠下功夫的做法值得效仿。很多时候，班主任具备了高水平的教学能力，往往会不怒而威。教师靠德高为范的品德素质、学高为师的业务素质、热爱学生的情感、无私奉献的人格魅力吸引学生。而卓越的教学能力更是我们的第一资本，它是教师在学生心目中树立威信、提高工作效率的决定性条件，是教师的看家本领。拥有这一资本，成为教育的行家里手，学生才会心悦诚服地接近你、心甘情愿地接受你的教育。

>>> 83. 他把铅笔灰撒进老师的水杯里

⏱ 情景故事

这天上午语文课上，刚上完课的朱老师端起讲桌上的水杯一饮而尽。班里的孩子们个个露出怪异的神情，甚至有的学生还把嘴巴张得大大的。朱老师正想询问，学生们纷纷叫起来："老师，您刚才喝的水里有铅笔灰！""朱老师，雨凡（化名）趁您转身在黑板上写字的时候，把铅笔灰倒进您的水杯里啦！"霎时间，朱老师的脑袋"轰"的一声。

朱老师怎么做才好呢？

📖 这样做

江苏省东海县和平路小学的朱海龙老师是这样做的。

过去，朱老师对雨凡可没少费心费力，可是现在他却把铅笔灰倒进自己的水杯里，朱老师真是既愤怒又心酸，真想劈头盖脸地训斥他一顿。可又一想，这样做很可能让之前的努力付诸东流。于是，朱老师沉住气，假装板着脸，目不转睛地盯着他，而雨凡却一脸满不在乎的神情。朱老师依然一言不发地盯着他，他渐渐变得有些胆怯了，开始不敢和老师对视了，头也低了下去。

见时机成熟，恰巧下课铃响了，朱老师压低声音对雨凡说："走，跟我到办公室！"雨凡低着头默默地跟着朱老师来到办公室。看到他这副模样，朱老师很想安慰他几句，但又怕一开口，他就不会改正错误了。可是，这样继续"默默无语"下去也不是办法呀！于是，朱老师写了一张字条："铅笔灰有毒，你知道吗？"递给他，手指办公室的门，和自己的头，让他回去好好想一想。雨凡点点头，慢腾腾地离开办公室。

下午上课前，雨凡主动来到办公室，小声对朱老师说："朱老师，对不起，是我错啦！我向您道歉！"朱老师一言未发，注视了他一会儿，然后拿出第二张纸条，写下一行字："假如你喝了别人故意倒进铅笔灰的水，你会怎么想？"然后挥挥手，示意他回去。

放学后，朱老师走进教室，教室里静悄悄的，只有雨凡坐在座位上，似乎想对自己说什么。朱老师走到他面前，他两眼红红的，说："朱老师，您骂我吧！不要不和我说话！"朱老师走向前，轻轻地拍了拍他的肩膀，递给他第三张纸条："你能够知错认错，证明你是个好孩子，老师原谅你。"雨凡立即双手举起纸条，连声大喊："谢谢您，朱老师！"

后来，经常能够听到任课老师和同学们对雨凡的夸奖。

 点 评

三张纸条，奥妙无穷。有时，沉默不语，也是教育；有时，沉默不语，胜过声嘶力竭的大声训斥。案例中的朱老师面对学生的恶作剧，懂得掌握分寸与火候，用三张纸条促进雨凡自省，给学生自悟的时间与空间，这就是朱老师的高明之处。可以想象，三张纸条，一定会让雨凡品尝到自己亲手酿下的"苦"酒的滋味，内心会掀起自责的波浪，后悔过、自责过后，内心的自我教育已经完成，这时，"出自内心的耻辱心和不愿见恶于人的畏惧心"才会成为他们"真正的约束"（洛克语）。这个案例证明这样一条教育艺术——"沉而不默"也是金。

>>> **84. 他当众拒绝接受老师奖励的本子**

🕐 **情景故事**

班上一位学习困难生经过努力后考出了比较好的成绩，为了使他树立信心、学习更上一层楼，班主任袁老师在课堂上表扬他说："小光同学，这次你进步非常大。老师奖励你一个本子，希望你继续努力！"

在全班同学的掌声中，袁老师把本子递了过去。令人出乎意料的是，小光不但没有接本子，更"语出惊人"："老……师，我不要，我家里这样的本子爸爸给我买了许多，一时半会儿用不完。"

袁老师这时想，如果强塞给他，达不到激励的目的；如果不塞给他，自己如何下台？十分尴尬。

请你设计一种解除尴尬的方案。

✎ **这 样 做**

提供这个案例的是江苏省丹阳市实验小学的袁军辉老师。

袁老师在无奈之中，看到本子上印着一个大大的"奖"字。于是借题发挥："小光，老师知道你家里有很多这样的本子，但你仔细看看，你家里的每个本子上有印着'奖'字吗？"

小光摇了摇头。袁老师接着说："虽然这个本子不值钱，在大商场、小商店里都可以买到，但是这一个'奖'字能买到吗？它代表你的辛勤付出，代表你的进步，代表一种荣誉。"

袁老师的一番话让小光心悦诚服地收下了本子。

袁老师与办公室里的老师们交流这个情况，老师们又提出一些金点子：平时准备一些自己小时候拿到的奖品，如，铅笔、练习本、橡皮……奖给学生。

点 评

这样的问题突然发生，让老师始料不及。老师是一片苦心，以一些学习用品作为奖品，激励学生更进一步，这样的奖品的价格是低廉的。而现在生活水平日益提高，学生的学习用品也越来越高档，于是，有的学生对奖品看不上眼，甚至像小光这样拒绝接受，让人分外尴尬。

袁老师把学生的进步与微不足道的为学生所鄙视的奖品紧密联系在一起，赋予奖品以特殊意义，给奖品以丰富的内涵，最后让学生"心悦诚服"地接受了。

事后，袁老师与同事们商量平时准备一些自己小时候拿到的奖品，奖给学生。这样的奖品具有更丰富的内涵，意义非同寻常。这个做法值得借鉴。

这个案例启示我们，重在"讲精神"，不能着眼于"奖物质"，"讲"与"奖"大相径庭。奖励学生要开动脑筋，讲究智慧，一定要研究学生心理，引导学生注重奖品的内涵、奖品所承载的荣誉。

再有，袁老师奖励的本子，可以推测是司空见惯的本子。同样的价格，我们能否买更新颖、更新奇的为学生喜欢的文具呢？

就是奖励给学生文具这样微乎其微的小事都有学问呀！

>>> **85. 给倒数第一名和正数第一名同等奖励**

情景故事

这一年，一同走进这所学校的六名大学毕业生中，只有小严被安排担任班主任，他为此非常自豪，决心干出点成绩给大家看看。

小严老师所带的高一（1）班有60多个学生。为了能从成绩上超过主要对手高一（2）班，他制订了一系列刺激学生的方案，最让他得意的一招就是引进了"末位刺激制"——对成绩排名最后一位的同学给予精神刺激。具体做法是：给倒数第一名的同学和正数第一名的同学同等奖励，奖品完全一样。

结果，效果出乎意料的好，同学们学习的劲头特别足。小严为自己所施的"计谋"窃喜。

你怎么看待小严老师的做法？

这样做

期中考试成绩公布后，一个叫刘天才的学生出乎意料地考了最后一名，这本是一个学习刻苦、性格内向的学生。小严老师犹豫了一下还是决定按照开学初定的方案行事。

总结期中考试的班会的高潮就是发奖。考得好的学生兴高采烈、笑靥如花。最后一项是给最后一名学生"颁奖"。教室里的空气似乎一下就凝固了，小严也有一点动摇，担心这样做会对刘天才造成伤害。但他又想，必须鞭策后进者，不能让他们有丝毫的懈怠和分心，还是把这个奖发了。

一年下来，小严如愿地把对手高一（2）班甩在了后面。三年后的高考，小严老师大获全胜，收获了奖金和荣誉。

不过，那次期中考试后，刘天才再也没有把头抬起来过。那个学期一结束，他便转学了。从此，再也没有和小严老师，甚至任何一个同学联系过。

后来，严老师无限愧疚地反思道："因为年轻，我采取了不恰当的教育方法，给这个学生造成了不可弥补的伤害。我也因此悟出了一个道理：教育学生，多用智慧，慎用'计谋'。'计谋'虽好，易伤学生。"

 点 评

教育需要智慧，需要技巧，需要艺术，但是不能用计谋。

什么是教育智慧？先看一个典型的故事。

很久以前，法国有一座特殊的监狱。它的一切都与别的监狱不同。实际上，这是一座辉煌壮丽的教堂，庄严、肃穆。这里除了神职人员外，没有任何看守，只有四周的高墙让人生畏。囚犯们都是经过百般讯问而不得其口供的江洋大盗。他们在这里可以自由自在地做任何事情，伴随着终日不断的深沉的钟声和唱诗班的祈祷声。

日久天长，一个曾经接受过半年审讯却只交代了一桩盗窃案的囚犯，在午夜的钟声绕梁未绝时，突然放声大哭，跑进教堂，在神父面前忏悔了自己多年前杀人抢劫的深重罪孽。进了这座监狱的人，大都是这种结局：宁愿接受法律的判决，也不想终日忍受良心的折磨。聪明的法国人用活生生的事实证明了：敲响心灵的钟声，有时会比严刑酷律更有用。

班主任工作智慧是指班主任娴熟地运用德育工作的规律和美的规律而进行的富有创新性的工作方式和方法。它是班主任在工作过程中的思想、作风、知识、能力、情感、技巧等的综合凝聚和外在表现，具体地体现班主任的全面素质。班主任工作智慧就是在遵循教育学、心理学等科学原理的基础上，在准确把握青少年生理、心理特点的前提下，充分发挥班主任的聪明才智，抓准教育契机，运用教育技巧，调动艺术手段，坚持巧妙疏导，生动活泼地开展德育工作，恰如其分、独具匠心地处理各种令班主任棘手的问题。班主任工作智慧具体来讲，就是善于调动青少年的主动性、能动性，善于发动其主体作用。在班主任工作实践中要善于变单向灌输为双向交流，变围追堵截为巧妙疏导，变一曝十寒为细水长流，变简单粗暴为精雕细刻，变急风暴雨为和风细雨，变操之过急为循序渐进，变耳提面命为拨动心弦，变生硬呆板为循循善诱，以言外之意、弦外之音代替逆耳的训斥。

小严引进了"末位刺激制"，说是"精神刺激"，其实就是精神折磨、精神打击。试想，本来考试兵败城下、全军覆灭的学生已经心如刀绞，却要与第一名的同学获得同样的奖励，这是最辛辣的讽刺，这是最严重的打击，这是最严酷的挖苦，这是最锋利的冷箭！考了最后一名的学生哪能承受得了！！鞭策的方法有千千万万，决不能采用伤害自尊心的一种。

任何时候，都不能伤害青少年的自尊心。这是一条底线。这是工作原则的一条红线。切记！切记！！

>>> 86. 他尽职尽责，却在考核时被评为最末

⏱ **情景故事**

阿林以优异的成绩毕业于某师范大学中文系，被择优分配到某重点中学。学校安排他教语文，还聘任他为班主任。他很兴奋，下决心要干出成绩，不辜负校领导的信任。无论是语文教学还是班主任工作，都是尽心尽力，但效果却极不理想。

📖 **这样做**

阿林教语文课，课堂气氛十分活跃，他还利用学科特点，在学生日记中开辟"心灵妙语"、"悄悄话"等栏目；当班主任，他与学生一起进餐、郊游……同学们私下里都称之为"林哥"。可有一天，德育主任说他班在卫生、纪律方面的量化评比考核中均居年级之末。

阿林老师思考再三，第二天用了一节课的时间批评了学生，并制订了严格的纪律。学校要求各班学生不许在教学楼前踢足球，于是，他把班级的足球、篮球、排球统统没收了。在足球上，他看到学生写的"你好虚伪，你的热情是装出来的"字迹。他极其苦闷，不知怎么办才好。

☕ **点评**

这是刚刚走上工作岗位的青年教师经常出现的问题。

刚开始，刚上岗的青年教师与学生亲如兄弟，班级管理只讲民主，忽视纪律，几乎忘记了师生之间关系要适度，要有距离感，而一旦产生问题，立即表现得冷如冰霜：立即颁布种种严酷的清规戒律……180度大转弯的变化，学生自然怨声载道，班级工作自然走入低谷。

阿林老师在班级出现问题时，应该冷静，应该反思，重要的是要分析自己工作上的优势与劣势、成绩与不足。优势，要继续强化；劣势，要想办法去转化。成绩，要巩固；不足，努力去克服。不能一有风吹草动，就把优势与劣势全部抛掉，把过去的成绩一笔抹杀。

再有，对学生的态度是和蔼还是严厉，这是青年教师应该考虑的问题。阿林刚开始的做法比较受学生的欢迎。但是，仅此还不够，青年教师需要不断加强自身多方面的修炼。这样遇到问题时，就会冷静，不会意气用事，不会简单化处理。青年教师的热情，有一个"度"的把握问题。

青年教师不要将学生的活跃度与纪律涣散混为一谈。纪律涣散的课堂又绝非是真正的思维活跃。青年教师不要被表面的课堂活跃所迷惑，在课堂活跃中所潜藏着的纪律涣散需要班主任敏锐地捕捉，及时加以引导、控制。

>>> 87. 一个"好"字让学生跳了楼

情景故事

有这样一位女教师，对工作极其负责，教学也认真。同事都很佩服她。她教语文，又是班主任，工作任务比较重，但她坚持对作文全批全改。除了上课，她还对学生进行课后辅导，还要做大量班主任的工作。她常常是最后一个离开学校。到后来，她实在忙不过来，对学生的周记，只是浏览一下，只要不太离谱，就打个大勾，给个评语——"好"，或者是"优"、"良"、"中"、"可"、"差"。

班上有个性格内向的女生，最近心情不好，在周记里写道："这个世界怎么这么冷漠？人与人之间的距离怎么这么遥远？苦闷的人、枯燥的人生……野鸽子的黄昏……让死亡成为一种解脱、一种尊严……老师，我想结束自己破碎的生命，好不好？"那天，这位女老师特别忙碌，批阅学生周记时就没有仔细看内容。在批阅到这位女生的周记时，觉得该女生字写得很用心，字体端正，不假思索地批了一个"好"字。当天晚上，女生从家里的阳台跳楼自杀。所幸，这位女生仅摔断了腿。这位女教师非常懊恼、非常后悔。

请你就这位女教师的做法发表意见。

这样做

我们给出如下建议：

第一，务必重视对学生进行人文关怀。毫无疑问，这位女老师是位优秀教师，只是由于任务重，才采取了"快刀斩乱麻"的方式来审阅学生的周记。工作忙，应该根据事情的轻重缓急，安排工作顺序，运用有效的方法解决教育教学中的问题，力争有条不紊。再忙碌，教师也不可忽视对学

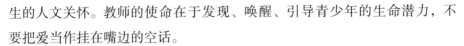

生的人文关怀。教师的使命在于发现、唤醒、引导青少年的生命潜力，不要把爱当作挂在嘴边的空话。

第二，必须与学生切实做到心灵沟通。这位老师其实没有真正走进学生的心灵。女学生的心里这么苦闷，竟然想要结束自己的生命。事情发展到这个地步之前，肯定有种种蛛丝马迹，可是这位女老师却没有发觉。如果老师和学生做到了"心有灵犀一点通"，那么老师对学生的变化就会随时发觉，并采取相应措施。教育，有时就是一种发现。你的学生今天和昨天有什么不同吗？今天他有什么与众不同的地方？如果你没有发现，你就有可能失去了一个教育机会，尽管你是无意的。教师一定要有一双非凡的眼睛。班主任要让学生知道，心情不好或遇到什么困难时，尽管找老师，老师会尽力帮助学生走出困境。

第三，教师要做德育的有心人。德育不是空讲的，它体现于事事、处处、时时。作为一个德育工作者，任何时候也不要忘了做思想导向工作，不要忘了塑造青少年美好心灵是长期而艰巨的工程。德育工作决不等于只是在教室与学校里阅读报刊、学习英雄事迹、听取报告。我们要努力挖掘生活中的德育点，做德育的有心人，这样我们就可以做到事事、处处、时时书写思想教育的好篇章。

点　评

这位女教师虽然做什么都认真，就是对学生的心理变化、心灵动荡不清楚、不明白，这就是最大的失职。要把师爱的阳光洒向每一个孩子，让生命的阳光照亮教育的每一个角落、每一个时刻。如何在忙碌的工作中，抽出时间和学生交流，做生活和生命上的分享，是每位班主任应该思考的课题。在德育工作中，特别是在关系孩子们生命成长的重大问题上，绝不可以一味地"减轻负担"，不能一味地"化繁为简"。

班主任要明白：呵护学生的心灵，为孩子支撑起一片蔚蓝的天空，让每个孩子都沐浴爱的阳光是班主任的神圣职责。

>>> **88. 用30秒查清班里单亲学生数量?**

⏱ 情景故事

现在，离异家庭越来越多。为了了解学生的家庭情况，台湾的林进材教授在担任校长的时候，有一次，在教师会上，布置了这样一项任务："有一件事情要麻烦老师们协助调查——贵班有几位单亲的学生？请各位老师在一个月内完成即可。"有几位老师窃窃私语："这么简单的事情要一个月，未免太小看我们了。"有的老师认为："这么简单的事30秒就可以解决，为什么要弄到一个月？"

你是同意林校长的做法而准备用一段比较长的时间来调查这个问题，还是同意那几位老师的看法而打算快速解决这个问题？请说说理由。如果要你完成这项工作，你准备怎样做？

📖 这样做

第一，要认识到这不是一般性的问题，而是关系到保护孩子心灵的事关重大的敏感问题，不能为完成任务而完成任务。有位老师深有体会地说："在每个班主任的手中，都握着几十个鲜活的生命，而每个生命都有着不同的性格。有的开朗，无忧无虑；有的内向，多愁善感；有的脆弱，易受伤害。班主任要生就一双慧眼，心细如发，在他们忧伤的时候，给予快乐；在他们无助的时候，给予支持；在他们失意的时候，给予慰藉；在他们自卑的时候，给予鼓励……让每个孩子的心灵都充满阳光。"

要认识到这是全面了解学生的教育契机，是增进师生关系的好机会。处理这类问题应该慎之又慎。我们当然要讲工作效率，但是如果为了讲求效率而草率处理这个问题，忽略了教育要以人为本的宗旨，这就是最大的教育失误。所以，林校长的做法更妥当。

第二，父母离异，最大的受害者是孩子。这往往会在他们的心灵中撒下痛苦的种子，留下难以愈合的伤疤。在完成这项工作的过程中，一定要从爱护学生的前提出发。要知道孩子们的心灵往往是脆弱的，不能为了快速完成任务而不择手段，简单从事，不能揭孩子们心灵的伤疤，从而造成"二度伤害"。要注意保护孩子们的隐私。

第三，在调查过程中，一定要巧妙、妥当。尽量不要采用直来直去的方式，更不能用所谓的"短平快"的方法，如，老师面对全体学生说："我调查一件事，没有爸爸或没有妈妈的同学请站起来。"这是万万不可行的。要多采用间接了解的方法。例如，可以找适当的机会问学生："期末考试快到了，功课复习得怎么样了？妈妈关心吗？爸爸工作忙吗？"还可以在和学生谈心时，看似随意地了解孩子的家庭情况。

尊重学生是班主任做一切工作的基本原则。何时、何地、何事都不要忘记这个原则。尊重学生不是一句冠冕堂皇的官话，而是要贯穿到工作的方方面面，尤其是事关孩子心灵的问题一定要谨言慎行、认真仔细，来不得半点的疏忽大意。

教育需要慢功夫，要在学生的心灵中做细致的工作，不能三下五除二，要克服纯任务观点。

启　事

　　积累本书的资料前后有十来年，集中了编者的教育思考和一些探索，编者同时也从教育报刊上精选了一些素材，集中了全国部分优秀班主任的教育思考和一些探索。谨向这些作者和教育报刊的编辑们致谢！由于这部分班主任人数较多，积累资料与成书的时间间隔过长，编者经过很多努力，仍有部分班主任联系不上。敬请这部分班主任予以谅解，并请与编者联系，以便寄奉稿费和样书。

　　联系邮箱：wanshantao@sina.com或Wanshantao43@yeah.net。

出　版　人　　所广一
责任编辑　　池春燕
装帧设计　　许　扬
责任校对　　贾静芳
责任印制　　叶小峰

图书在版编目（CIP）数据

今天怎样做德育：点评88个情景故事 / 张万祥编著. ——
北京：教育科学出版社，2014.5（2024.5 重印）
　　ISBN 978 - 7 - 5041 - 8468 - 9

　　Ⅰ.① 今…　Ⅱ.① 张…　Ⅲ.① 中小学—德育工作
Ⅳ.① G631

中国版本图书馆CIP数据核字（2014）第 073326 号

今天怎样做德育——点评88个情景故事
JINTIAN ZENYANG ZUO DEYU——DIANPING 88 GE QINGJING GUSHI

出 版 发 行	教育科学出版社				
社　　　址	北京·朝阳区安慧北里安园甲 9 号	邮　　编	100101		
总编室电话	010 - 64981290	编辑部电话	010 - 64989441		
出版部电话	010 - 64989487	市场部电话	010 - 64989009		
传　　　真	010 - 64891796	网　　址	http://www.esph.com.cn		
经　　　销	各地新华书店				
印　　　刷	运河（唐山）印务有限公司				
开　　　本	720 毫米 × 1020 毫米　1/16	版　　次	2014 年 5 月第 1 版		
印　　　张	15	印　　次	2024 年 5 月第 12 次印刷		
字　　　数	220 千	定　　价	35.00 元		

图书出现印装质量问题，本社负责调换。